「長沙公益仨」政治犯的父親兼辯護人對中國司法的椎心控訴

被偷走的辯護權

作者・吳有水律師

目錄

第二章 是誰，偷走了我為兒子的辯護權？

第三章 兒子，你再也看不到媽媽了

附錄

自序
我的妻子，我的兒

吳有水

半夜醒來，屋子裡一片寂靜。

偶爾地，從廚房裡會傳來咕嘟咕嘟的聲音，那是我妻子生前所養的兩隻別人不要的烏龜，在塑料桶裡，想追求自由，往外爬。

睡不著了，拿起手機，看一下時間，才凌晨兩點多。

失眠也很準時，這大概就是所謂的生物鐘了吧。

起來，打開燈。

不見我家的狗狗帥帥跑過來。

作者吳有水律師（中）與妻子葛紅、兒子吳葛健雄合影。前方背對鏡頭的是暱稱「小醜」的狗狗。

往常，牠總會一聽到我房間裡有動靜，就會無聲地跑過來，湊到我的床前，用牠那冰冰涼的鼻子，朝我的臉上嗅。

哦，牠已經失蹤了，或許，此刻，牠正餓著肚子，渾身髒兮兮地踡在街頭的哪個角落裡呢。我妻子病後，因為我沒時間照顧牠，就讓我的外甥女帶回家去幫我照看了。後來，又送到她姐姐的廠裡，結果因為有領導來視察，說是食品廠裡不得養狗。於是，我的大外甥女又把牠送到了武警中隊的一家人那裡，結果，就連夜失踪了。

點起一支煙，在嘴裡含著，但並不想抽。只是覺得，既然醒來了，總得做點什麼，打發無聊。

這時，心裡總有點孤獨的感覺。

想起幾年前，我家也是很熱鬧的：我有妻子、有兒子、我兒子還有女朋友。還有兩條狗：小醜和帥帥，兩隻烏龜、一隻鸚鵡和一隻貓。貓盯著鸚鵡，鸚鵡啾啾地求援，兩隻狗會飛快地跑來，把小貓追得床上床底亂竄，狗兒們也在床上床下亂跳。

我妻子不讓狗上床，狗狗偏要上床，於是就直呼我幫忙把狗狗從床上趕下來，我的兒子和他的女朋友則是各拿一根小棍，到處找那隻早不知道躲到哪兒去的起禍端的貓。

現在，家裡只有我和兩隻烏龜了。

去年的七月，我寫了一系列的文章紀念我兒子被抓一周年。這些文章只是發佈在我個人的微博和微信公眾號上。

結果，被刪除得七凌八亂，最後乾脆把我的不知道是第幾個的微博帳號給封了，後來，也就發不出來了。

我就也沒有再寫下去。

今年，施明磊說：「吳有水，我想把你之前寫給你兒子的文章，整理成一本書。」我一想，這也是個辦法，就答應了。正好把妻子的去世也寫進來，也算是對我妻子的一個紀念吧。

於是，我在之前文章的基礎上，進行了一番整理，再補充寫上一些我妻子去世的內容，就成了這本書。

可惜，我的這本書，不能在中國大陸出版，中國大陸的民眾，也無緣能夠一讀。我想，乾脆就用正體字來出版發行吧，這樣也好，只要大陸民眾看不見，也就不至於煽動起大陸的民眾「顛覆國家政權」了。

至於有無別的可能，聽天由命吧！

推薦序

我們一起行過流淚谷——長沙公益仨家屬

施明磊

今日是我和我先生程淵的結婚紀念日，而我已經六百七十五天沒有見到他了。程淵和他的同事吳葛健雄、劉大志（被稱作「長沙公益仨」）自二〇一九年七月廿二日被長沙市國家安全局抓捕後，一直秘密羈押在湖南省國家安全廳看守所，他們會見律師的權利被剝奪，他們被禁止通訊，被強制解除律師，被秘密起訴，秘密開庭，秘密審判至今沒有結果，生死不明。

我和吳有水先前並不認識，雖然他是我先生多年好友，但是在長沙公益仨被抓之前，我對他的了解也僅僅限於看過他寫的一兩篇文章。從文章裡，我看到一個意氣風發、奮筆疾書的中國知識分子的模樣。而出生於一九八〇年代的我，在商業公司做著互聯網運營的工作，和我身邊的大部分人一樣過著「小確幸」的生活，不知人間疾苦，更不要談公共參與。而我與吳葛健雄唯一一次見面也是十分有趣，我問他：「小吳，你的爸爸是吳有水律師嗎？」，他甩了一下他那一頭有個性的長髮，慢悠悠地回了我一句：「呃，你為什麼不問：『吳有水，你的兒子是吳葛健雄嗎？』」，這個瀟灑的年輕人，被抓的時候還不夠二十四歲。

關於我，從我先生被抓的第一天，我也被扣上「顛覆國家政權」的罪名，被監視居住一百八十天，期間被戴黑頭套、手銬，被中共秘密警察強制帶走審訊長達二十多個小時，一個女國安威脅我要將我的三歲女兒帶來一起審訊。第二天，我的銀行帳戶便被長沙國安強制凍結了，而我還有房貸要還，有孩子要養，有各種帳單要付。這樣的事，發生在號稱依法治國的今天，是十分荒唐又讓人震驚的存在。但是事情就是這樣發生了。

而我和吳有水，就是這樣認識了。我們一起為我們的親人爭取法律賦予他們的基本權利：律師辯護權和通訊權，我們一起去檢察院控告辦案單位的違法，我們一起經歷被秘密警察監視、跟踪、威脅，我們一同抗議長沙公益仨的律師們在偵查期滿集體遭解除委任，我們一起尋找被當作「國家秘密」隱藏起來的官派律師，我們一起去國安局、看守所、司法局、律協、法院、檢察院、監察委，我們窮盡了一切的法律途徑，卻一無所獲。六百七十五天，二十次到長沙的來回，三萬六千公里的路程，我們一起走過。期間小吳媽媽思念兒子成疾，不幸離世，吳有水失去兒子，又失去妻子的痛，無從言說。

長沙公益仨被抓一周年時，吳有水寫了《我和我的兒子吳葛健雄》的系列連載，我們發到微信公眾號、微博，我們的微博先後被封殺，微信公眾號文章被刪了又發，發了又被刪。有一天我走在大街上，迎面走來一個許久不見的我的行業裡的年輕朋友，他說：「我看到吳律師的文章，我很感動，請代我向他問好，也希望你們都要平安。」我也收到不敢跟我聯繫的朋友們偷偷地在文章下點贊，在微信裡用避開敏感詞審查的代碼文字向我們表達他們的關心，偷偷給我寄禮物表達他們的支持。於是，記錄下我們經歷的，便成為我們的責任，這也是這本書出版的初衷。

在這本書裡，你看到的不是一個律師，而是一個中國的普通老百姓、一個中國父親、兒子、丈夫的經歷。讀吳有水的文章，沒有高深莫測的理論，而是再樸實不過的日常，看似不可思議的經歷，卻是一代又一代的中國老百姓過去經歷過的，現在正在經歷的。我讀的時候常常會想起我的祖輩，我的父輩，我的童年，我這一代。

這讓我更加理解，理解中國的社會問題和現狀，看到一代又一代老百姓的疾苦，以及長沙公益仨他們所做的事情的寶貴。也讓我明白，我們所謂的「小確幸」其實是長期高壓下的集體性失語、是信息被壟斷真相被掩埋的無知、是社會責任一代又一代的被切割。

這苦難強加在我們身上，卻不是我們的選擇，何以安慰？想起聖經的阿摩司書五章廿四節的經文：「惟願公平如大水滾滾，使公義如江河滔滔。」

施明磊序於二〇二一年五月廿七日

推薦序

他們用「普通」「真實」呼喚公義

林永頌律師（民間司法改革基金會董事長）

本書作者中國吳有水律師說：「幾年前，我有妻子、有兒子、我兒子還有女朋友。還有兩條狗：小丑和帥帥，兩隻烏龜、一隻鸚鵡和一隻貓，家裡還滿熱鬧。現在，家裡只有我和兩隻烏龜了……」

那是二〇二一年初農曆除夕夜，吳律師在家裡準備了一桌菜，他把妻子的遺像從她房間的牆上取下來，放在桌子靠窗的一邊，給她放好了凳子，然後在她的遺像前放上一雙筷、一隻碗，一隻酒杯，在右手邊，也放了一雙筷子，一隻碗，一隻酒杯，這是他兒子坐的地方。他說「葛紅啊，今天過年了，想不到，我們一家三口，就用這樣的方式聚在一起，過年」吳律師話還沒說完，眼淚已止不住地流了下來，我讀到這裡，也熱淚盈框。

吳律師的兒子吳葛健雄於二〇一九年七月二十二日失蹤，後來得知吳葛健雄與程淵、劉大志三人被長沙國家安全局以顛覆國家政權罪逮捕，吳律師在書中生動翔實記述他一年多來與程淵的太太施明磊想盡各種辦法，要營救他們三人，卻四處碰壁，徒勞無功，內心氣憤、無奈與掛慮，處處令人動容。一年多的奔走，吳律師的太太葛紅，見不到兒子，也沒有任何偵查或審判的訊息，思念成疾，二〇二〇年十二月二十三日腦溢血昏倒，送醫搶救無效，二〇二〇年十二月三十一日不幸別世。

吳律師二十四歲的兒子吳葛健雄跟其他二人到底做了什麼事，造成家破人亡？到底什麼行動被認為顛覆十四億人口中共政權？原來，程淵等三人他們是在長沙成立了一家公司，工商登記註冊後，以公司名義開展公益活動，例如從事防治愛滋病，障礙人士維權。他們曾經和其它機構一起，為中國數億的乙肝患者，爭取了平等的就業機會，也曾經和吳律師一起，曾通過《政府信息公開條例》等方式促使社會撫養費信息的公開透明；在全國許多有志之士的努力下，為中國達一千三百萬的因超生小孩等原因而無法取得戶籍的人爭取到了應有的上戶、上學的權利；為全國數百萬的失獨父母爭取國家的必要的幫助；為減緩中國人口老年化，促進和加快了「全面二孩」的開放。

在民主國家，例如台灣，這些都是非政府組織（NGO）很典型的服務工作或倡議活動。在政府及營利事業之外，第三部門的公益事業，可以促進國家發展更公平更自由，也確保弱勢者的權益，是民主進步國家不可或缺的一環。我在三十多年的執業律師生涯，曾跟許多志同道合的伙伴，參與各種服務工作或倡議活動，例如爭取職災勞工權益，救援雛妓，司法改革，推動法律扶助，救援冤案，參與大型勞工職業病求償，以及幫助卡債族解決債務困境等。身處台灣的律師不但可以自由地參與各項公益活動，還受到律師公會頒發公益律師獎表揚，反觀，在中國，律師或熱心人士，推動社會各項公益活動，卻要面對牢獄之災，甚至被認為顛覆國家政權，民主國家與專制國家確如天壤之別。

當吳律師與程淵的太太施明磊知悉程淵等三人被長沙國家安全局以顛覆國家政權罪逮捕，被羈押在湖南省國家安全廳看守所，就積極地為三名被告各委任二位律師（包括吳律師），但長達八個月的偵查期間，無論家屬或辯護律師申請接見，都沒被獲准。三名被告長期各在一間房間單獨羈押，無疑是一種酷刑，家屬希望被告可以打發時間，也知悉家人持續在關心他們，請看守所轉交信件、書籍或各樣物品，但也沒獲准。吳律師與施明磊積極奔走於國安局、看守所、司法局、律協、法院、檢察院、監察委，處處碰壁。吳律師為了兒子的自由，努力隱忍、順從，甚至不惜卑躬屈膝地依從辦案機關的安排，皆是枉然。

依照中國刑事訴訟法偵查只能延長兩次，二〇一九年七月二十六日逮捕，二〇二〇年三月二十五日偵查機關一定要審查起訴，但二〇二〇年三月十七日起訴之前，三名單獨羈押的被告，羈押期間從未見過家屬所委任之律師，竟然不約而同解除家屬所聘請的六位辯護律師，甚至包括吳葛健雄也寄一封信給吳律師，解除其父親吳律師的委任，從遣詞用字，吳律師確認那封信是他兒子抄來的。吳律師與施明磊前往長沙市中級法院，卻查詢不到該案件也不知承辦法官是誰。他們又積極奔走於各單位，希望確認未經家屬同意的「熱心」「官派律師」為何方神聖，但相關單位拒絕提供「官派律師」的資訊。甚至說這是「國家秘密」，他們用盡各種辦法，才查出四名共產黨員身份的「官派律師」，經由官派律師知悉已經「公開」審理了，可是家屬沒有接到開庭通知，「官派律師」也沒通知家屬，法院系統也查詢不到此案的開庭資訊。看守所警察告訴他們，法院正在等待國家安全部的答覆呢！長沙中級法院已經彙報上去了，怎麼判，還要看最終怎麼答覆。

猶記得十多年前台北律師公會及一些台灣民間團體，接待來自中國的人權律師，晚宴分享時，人權律師說如果他們接了當局不悅的案件，會被干擾，會被注意，人權律師常被停權一段時間，不能執行律師業務，嚴重者吊銷律師執照，變成「律師後」，二〇一五年七月九日中國政府變本加厲，拘留和傳喚了數百位人權律師，以及民間維權人士，部分更被入獄判刑。

回想四十多年前，台灣最大的政治案件美麗島大審，當時軍法審判，在美國的壓力下，全程公開，當時三大報對於審理過程詳加記載，整個偵查與審理過程雖有相當多爭議，但八名被告可以自己選任律師，十五名辯護律師可以閱卷，接見被告，以及自由辯護，辯護律師雖然承受莫大壓力，但律師本身如果沒有涉入政治，也不會被秋後算帳，或受牢獄之災。本案的審理過程，彰顯廿一世紀中國的司法，比台灣四十多年前戒嚴時期的軍法審判還不如，不僅沒有司法獨立，刑事訴訟法的公開審理，被告自由選任律師的權利，辯護律師接見被告，閱覽卷宗的權利等完全架空。中國完全無現代司法可言，這樣的國家，終究只能以比軍費預算還高的維穩，來維持「安定」。

吳律師在本書中自問他兒子參與公益活動，是受他影響嗎？他表示從未要求或指導兒子該做什麼，然而吳律師積極從事公益活動，他兒子耳濡目染，當然就會選擇讀法律，畢業後加入公益的行列。加上吳律師家族有反骨的基因，吳律師的父親當年退出農業合作社，搞單幹，差點被認為反革命份子，吳律師本身於二〇一七年，因「不當言論」，被杭州市律師協會停止律師協會的會員資格九個月；二〇一八年，杭州市司法局又以吳律師的言論「危害國家安全」，停止律師執業九個月作爲行政處罰，吳律師兒子畢業後，走上從事公益活動的行列也是家學淵源。只是在這以虛假與謊言為基礎的國家，社會充斥著欺騙與貪婪的社會，要堅持正義，稟持真理，是何等困難，要付上多大的代價！

面對最親的家人，被冤屈逮捕羈押，將近二年，毫無音訊，要往前回憶這段過程，或回想那些太太思念成疾，腦溢血昏倒，送醫搶救無效的日子，何其難受，有如刀割。

但為了讓更多人知道「一個普通中國人的真實故事」，他勇敢地完成本書，他說：「寫這篇東西，常常讓我流淚，邊流淚邊寫。這裡面的許多東西，是多少年來我一直不敢去回憶的。因為，心會痛，真的會很痛。可是，我內心告訴我說，我必須要寫，讓大家知道，一個普通中國人的真實故事。」

吳律師在本書中提及他是基督徒，人算不如天算，正如西方人所說的：上帝給你關上了一扇門，總會為你打開一扇窗戶。施明磊在序中末尾提及聖經的阿摩司書五章二十四節的經文：「惟願公平如大水滾滾，使公義如江河滔滔。」作者在如此艱困的環境，一再失望、承受痛苦、難免灰心，幸有來自宗教的盼望與力量，支持他們才能往前邁進，繼續堅持。

聖經舊約中，多本先知書，提到政權如果沒有公義，違背上帝的旨意，再強大的帝國，上帝都會管教。古時候，強盛如亞述帝國、巴比倫帝國，或者羅馬帝國，還存在嗎？誰會想到希特勒會失敗？柏林圍牆會倒塌？中國是全世界強權之一，不可一世，但中國戕害香港、新疆、西藏人權，也迫害境內各大宗教，誰知邪惡的中共政權將於何時垮台？

民間司法改革基金會一九九五年成立，當時基金會章程所定的業務是有關司法改革事項，這幾年來司改會參與三一八學運的相關訴訟，聲援香港反送中運動，也關心中國人權律師。想到香港素來以先進的司法聞名，但自從二〇二〇年七月一日香港實施國安法之後，香港的媒體與司法能否維持其獨立性，外界深感懷疑，最近又聞香港當局逮捕壹傳媒及蘋果日報的高層人員，新聞也報導香港建制派介入法官的人事。可見，沒有民主制度，司法就不會獨立，遑論司改，民間司改會有鑑於此，已進一步修改章程，增加「推動人權、民主、法治相關事項」之業務，畢竟司改的基石是民主、法治、人權的推動。

懷著對中國人權律師支持與敬意，我們樂見吳律師的文稿「是誰，偷走了我為兒子的辯護權？」得以出版成書。深盼中國在不久的將來可以走向民主法治，並建立保障人權的刑事訴訟制度。

第一章　我和我的兒子

一、契

又從夢中哭醒了。

做了個夢，夢中見到，兒子突然回家了！

那種喜悅，不僅是久別後的重逢，更多是，我以為，終於可以從我兒子那裡，追問事情的真相！

然而，兒子又沿著一條小路，走了。

我求求他別走，

他說，他還有更多重要的事情去做，因為，還有更多的人，需要他的說。

我哭了，其實，我也需要幫助啊，兒子！

我在內心底，突然有些崩潰般地狂呼……

隨著一聲發自內心深處的悲吼，我醒了。

原來，這只是一個夢。

然而，雖然只是一個夢，卻並不比現實來得更殘酷。因為，現實中，我想見到我的兒子，也變成了一種不可能實現的奢望。

夜裡，悄悄地擦去兩眼旁的老淚，又回憶起有關兒子——你的一切。

二、兒子，你怎麼不按政府規定的時間出生

如果說，世上一切的恣意都是自私，那麼，有一種自私就是：你自己還沒有將來的時候，就創造了一個新的生命，讓這個新的生命來和你一起承受這沒有希望的日子。

我的兒子，就是我的這種自私的結果。

他來到這個世上的時候，我還沒有任何做父親的準備，當然，也就更無從能有讓兒子順利成長的條件。讓本不該出生的他出生了，來承擔所有本應當由我來承擔的痛苦。

雖然，那時我手握著有政府批准我生育一個小孩的「准生證」，但計劃生育部門還是在得知我兒子出生後，追上門來，徵收所謂的「社會撫養費」。

所謂的准生證和社會撫養費，這大概是中國在世界上獨一無二的創舉：任何中國公民要生小孩，必須得經過政府的批准，發放給了「准生證」後，小孩才能出生。任何不經政府批准、或者不按政府批准時間生育，都要被罰款。因為罰款這個名稱不好聽，再加之一九九四年，聯合國召開第五屆世界人口大會，大會通過了《國際人口與發展大會行動綱領》（簡稱羅馬行動綱領），中國政府簽署並承諾了遵守該《綱領》。而該綱領明確規定，不得對生育行為進行罰款。中國政府為遵守「承諾」，就將這個計劃生育罰款換了個很溫馨的名字：「社會撫養費」。

我說：「我有你們發的准生證的。」

他們說：「可是你兒子並沒有按我們批准的時間出生，你兒子應當在一九九五年才能出生。」

於是，我拿出那張印得像支票一樣的，准許我和我妻子生一個小孩的准生證，指著列印在上面的字說：「你看，上面寫著一九九五年十二月卅一日之前有效，一九九四年十二月十四日也在一九九五年十二月卅一日之前。」

「不對，你這是一九九五年准生證，」他們解釋說，「只允許你兒子在一九九五年一月一日到一九九五年十二月卅一日之間出生。」

我不服，向領導去討說法。領導說，最終的解釋權，歸有權力決定誰可以生小孩的計劃生育部門。

需要繳納的社會撫養費是三千元。

那時，我每月的工資是一百元多那麼一點。

從學校逃離出來，跑到企業，當初的想法，固然是因為內心厭惡自己每年重複地對那些年齡比我小不了多少的學生教著連我自己也不相信的那套理論，但更重要的一點，就是希望能有更多一點的收入——然而，到了企業來之後，經過一番論資排輩的定級，我每月的工資只能是那麼一點，而且還不能保證發放。每月的工資，除了保證吃飯，所剩的也就無幾了。

要繳納這麼一大筆錢，對我來說，簡直是天方夜譚。

單位領導找我談話，說我違反了計劃生育，當然我兒子的媽媽也違反了計劃生育，所以，本當過完產假後就可以上班的她，也被要求繼續待在家裡，單位只給發生活費。

我心裡比領導更明白，這是一種託辭，事實上，廠裡已經沒錢可以發工資了，能夠少一個人，就盡量少一個人。

於是，我也提出了辭職。

辭職，這意味著我將一分錢收入也沒有。

辭職之後，我決定先回家看一看我生病的父親。因為家裡託人帶信來說，父親病危了，我必須得回去看看。

那時，從我工作的地方到我父母的家，有近兩百公里的路程，每天只有兩趟車，從南昌到修水和從南昌到船灘的路過的班車。

我擠上了其中的一趟，歷經了四五個小時的顛簸，才回到了老家，也就是我父母所居住的地方。一進門，首先就看到年老的父親正躺在床上，艱難地喘著氣。看到我，無力地說：

「有水，我這回是挺不過去了。」

「爸，沒事的，你能挺過去的，」我拉著父親的手，心裡一陣陣的痛。

我是家中的老小，父親五十歲的時候我才出生。此時，父親已經八十歲了，而已經卅歲的我，卻依然讓父親為我的未來擔心，我也沒有能力，在父親的床前，盡一份微薄的孝心。

我只是把身上帶來的一點錢，全部拿了出來，交給二姐，讓二姐給父親買藥治病。然後安慰父親說，我有錢，我會努力治好他的病的。

父親得的是冠心病，有好多年的病史了。每次發病，都能搶救過來，但這次卻不一樣了，聽二姐說，這次連醫院也不願意救治了，說是抬回家，給病人點好吃好喝的。這是中國醫生的黑話，意思就是這病已經沒有任何救治的餘地了，讓抬回去，在家裡等死。

那時中國農村的村民，是沒有任何醫療保障的，得了點小病，就只能熬，熬過去也就過去了。得了大病，如果家裡沒有充實的積蓄，或者子女不孝或也出不起錢給治，那就只能在家裡等死。許多農村的老人，都是這樣，一旦得了一點大病，就只能在痛苦的掙扎中死去。

我需要掙錢，因為我太需要錢了。這不僅因為父親的病，同時也是因為我剛出生的兒子，還有需要哺乳兒子、已經被失業在家的妻子，他們都需要我掙錢。

當然，我可以像別人一樣，跑到沿海企業去打工——但這，我以前試圖做過了，沒有人需要我這個專業。因為，我在大學學的專業是政治教育——人家企業不需要搞政治教育的。聽到政治教育，人家就討厭、反感。這種討厭、反感也是許多中國人的正常反應，因為他們太瞭解政治的虛偽性了，所謂的政治教育，就是說假話，說空話，用一些連自己也不相信的理論，去哄騙別人。

所以，我沒辦法用我的文憑，來為自己找到一份可以養家糊口的工作——除了又回到學校去，糊弄那些年輕的小孩，販賣所謂的馬克思理論、毛澤東思想。但是，這一套，實在是讓我太厭煩了。

我寧願做苦力，也不願意再回到學校去教書。

正好，我侄女、二哥也都回來了。他們在秦皇島做著麵包的生意，說是還算可以。而我侄女正好把以前的店給轉讓掉了，準備開一個新店。於是，我一決計，就準備跟著他們，去秦皇島和我侄女合夥做麵包去！

但是，做麵包生意，也需要有本金。本金從何而來，我在辭職之時，並沒有想那麼多，當時只是想，可以暫時逃脫被徵收那三千元鉅額的社會撫養費。但真正辭職之後，內心卻是一片的恐慌：今後吃飯的錢從哪兒來？兒子的奶水錢從哪兒來？

於是，開始決定借！向親戚借，同事借，向一切身邊的認為可以借的人那裡去借！

白天，通過電話，向一位我的學生——曾經對我許諾過，如果有什麼困難，隨時可以找他的已經是一位國有工廠的廠長——艱難地開口。他很熱情地接了電話，但一聽說我要借錢，就支吾了半天，說他在開會，晚上再說。

於是，我晚上準備去他家。

我妻子帶上了自己出嫁時的那點金項鍊、戒指，準備用著抵押物，抱著出生才兩三個月的兒子，跟著我一起去了。

那天，還下著淅淅的小雨，初春的風，吹在臉上，還是那麼讓人覺得冰涼、冰涼的。我們到了那位廠長的家。門，是緊閉著的。呼喚，也沒有任何的回應。

我和我的妻子，輪流抱著兒子，在那淒涼的早春的寒風中，站等到半夜，也沒有等到那位許諾有困難就找他的廠長回家。

又想起了孩子的大舅舅，在鐵路部門上班，也已經好多年了，或許會有一些積蓄。於是，孩子的母親又抱著孩子，和我一起，坐著夜班的綠皮火車，在一個風雨交加的夜晚，去借錢。

印象裡，站台上，飄著雨，刮著冰涼的風，我們只好躲進過道裡，等著火車的到來。每當有火車從過道上頭經過的時候，那火車鐵輪撞擊鐵軌的轟鳴聲，總會把才兩三個月的兒子嚇得瑟瑟發抖。

終於從小孩的大舅舅那裡借到了第一筆錢：一千九百零幾元。因為，小孩的大舅舅把一個小木盒裡的一元一元鋼鏰子全倒給我們了，所以會有幾元的零頭。

這筆錢，對我們來說，可是第一筆借款。錢借回來之後，就考慮著今後怎麼還的問題。也許，這就是窮人的思維吧，因為生怕還不起錢，所以也就不敢借錢，借了錢，也不敢輕易地去花。

我妻子的父親，也就是我的岳父，見到我們到處借錢，也終於動了心，借給了我們一千元。

經過東拼西湊，終於有了七千元這麼一筆鉅款。我妻子用一塊布，在我的襯衣上縫了一個口袋，把這筆錢縫在衣服上面，這樣，就不會掉了或者被小偷偷了。身上其它地方，放了些路上用的零錢，就這樣出發了。

臨行前，我看了看兒子。他彷彿睡著了，睡得很香、很甜。

我想：兒子，你為什麼不聽政府的話，提前出生了！

三、兒子，你才是我生存的快樂

從南昌沒有直達秦皇島的火車，只能從北京轉。但南昌到北京的火車票，已經買不到了。最後大家一商議，只好從家坐汽車先到湖南岳陽，從岳陽上火車。

上了去岳陽的汽車，一路向西。

車子到達湖南境內的時候，中途要下車休息。

在一個小棚子裡，我看到一位婦女抱著一位嬰兒餵奶，嬰兒的那模樣，和我兒子應當是差不多大小。

不知道，我兒子現在，是不是也是這個樣子，躺在母親的懷裡？不知道，家中留下的唯一的那麼點錢，能夠不能夠堅持到，我賺到第一筆錢？

別人的小孩都有奶吃，唯我的孩子，沒有奶，只能吃米糊。

突然，我的鼻子有一陣酸酸的，眼淚也止不住想掉下來。

好想我的兒子。

於是，我就站在那裡傻呆著、盯著那嬰兒看，一直看得那嬰兒的母親有些恐慌了，趕緊抱著小孩進了屋子。

眼淚，還是悄悄地，根本不由我的控制，從我的眼裡，流了下來。

秦皇島的投資，一開始就失敗了。因為急於想租到店面，被別人騙走了一千元錢。時間過了快一個月，店面還沒有著落。我無法再這樣下去，因為我身上的錢，都是借的，如果就這樣耗下去，最終把本錢耗光了，如何向那些債主們交待？更重要的是，我還有嗷嗷待哺的兒子，我的妻子還在期盼著我早日賺到錢寄回家。

正好，二哥的店裡來了一位遼寧的老闆，他說他有現成的麵包生產線，可以轉包給我——他說，他因為不懂麵包的製作技術，所以辦不下去了。

不過，地點是在山西大同！

我是實在等不下去了，一聽他這麼說，就立即決定去包下他的那條生產線。於是，帶著我的外甥，又奔赴到了山西大同。然後，把身上所有的錢，都拿了下來，交給了這位遼寧的老闆。

然而，這是一套破爛不堪的設備：烤箱的電爐絲是壞的，攪拌機的皮帶是壞的，電路也都是老化的，不是這裡冒煙，就是那裡起火。

好不容易生產了一批麵包，送到大街上去賣，結果，還是跟當地的攤販發生了衝突：當地人不准我們賣麵包，我們偏要賣，於是，雙方打了起來。

強龍壓不過地頭蛇，這是中國的俗語。龍，在中國人的眼裡，是強大而威武的，但再厲害外面來的龍，你也弄不贏當地的一條蛇的。

這個時候，我的麵包品質做得再好，也只能有虎落平陽被犬欺的份了！

三、四月份的大同，天氣還是那麼寒冷。

我住的地方，沒有暖氣，此次出去，也沒有帶上更多的被褥什麼的。雖然和外甥擠在一起睡，但依然會經常被凍醒。實在沒辦法了，只好起來，跑到烤房裡，靠打開烤箱取暖，熬過一個個寒冷的夜。

在外面的那段時間裡，我的心中無時無刻不在想念著我的兒子。有一次，突然看到街邊有個公用電話，我一陣欣喜之後，便往電話機裡投下了硬幣，然後撥打原單位的電話，希望能與妻子通上話，讓她抱著兒子來，讓我聽聽兒子的聲音。

可惜，那時的電話，似乎是永遠也打不通的，永遠是在占線之中的。

有時，我會一個人跑到山頂上，面朝南方大喊兒子的乳名，希望我兒子能聽到我的呼喚；向著南方無言眺望，似乎這樣的眺望，能看到數千公里之外兒子那嬌嫩的身影。

但是，眼裡能看到的，只是荒蕪的、起伏的、連綿不盡的黃土高坡，耳中能聽到的，也只是那冽骨的寒風在空中的淒叫。

睡夢裡，總是會聽到兒子嚶嚶的啼哭。

最終，我回家了，雖然沒賺到錢，可我還是回家了。

因為，我離不開兒子。

在我失業的那段日子裡，我可以天天地陪著兒子。雖然貧苦，卻也沒有比那種思念更讓人覺得不可忍受。

回到家，我先把所有的債給還了，餘下的錢，作為生活所用。

兒子已經會笑了，而且還會幫著我吵架。

一位同事來我家玩，聊天過程中，說話的聲音大了點，我兒子就會在我懷中站立起來，一蹦一蹦地跳著，揮舞著一雙小小嫩嫩的手，對著我同事呀呀地叫著，彷彿是在一邊為我幫腔。

中途，我又回了一趟父母的家。一方面是回去還錢，另一方面，也是因為我的父母也有好久沒看見我兒子了，他們想他。於是，我和妻子經過數小時的顛簸，帶著我兒子回了趟家。不知是何原因，回到家，他居然開始拉肚子了，是那種綠綠的便便，而且不時地啼哭。到當地醫院去看，也沒有看好。我妻子就急著，又回到了自己的家。

這個時候，我兒子他才幾個月吧，一回到自己的家，四處張望一會後，居然就笑了。

回家後，妻子又把他帶到當地的醫生那裡去看。結果，還是不得好，一直拉肚子，而且，吃了就拉。這一拉就拉了兩三個星期。房東說可能是疳積——一種消化不良類的疾病。說是要將小孩的虎口用刀劃開，將裡面一個小米粒樣的白點挑出來才會好。

我自然不願意相信。主要是，我不願意讓我兒子受那個罪。

但既然知道是疳積，我就自己買了些小兒疳積類的藥，天天給兒子餵下去。過了一兩個星期，果然病就好了。

因為我沒工作了，考慮以後怎麼掙錢養家。這時，我想，大概做律師，以後是個出路。於是，向朋友借了一套律師資格考試的書，在家裡看了起來。晚上托兒所下班的時候，就去托兒所將兒子抱回來。

有一次，我抱著兒子回家的時候，因為兒子興奮地揮舞著雙手，把我的眼鏡也打了下來。為了防止兒子再次打落我的眼鏡，我就把他反過來抱：也就是雙手抱著他的肚子，讓他面朝前方。不想有了這麼一次，後來，每次我去接兒子的時候，他都主動要求將他面朝前方這樣抱了。

四、困苦中的掙扎

這段時間裡，發生了一件事：我的那些從浙江移民過來的老鄉，有一個被人打傷了。

事情的經過是，我的那些老鄉都是從江西武寧新遷到這家國有農場沒幾年的，對當地人來說是沒有任何勢力的新移民。這些老鄉主要以種植果樹為主要經濟來源，收入情況比當地的人自然要好一些。這就引起了一些當地人的嫉妒。他們就採用偷拔我老鄉們的果樹苗、偷摘我老鄉們的水果作為發洩他們不滿的手段。

這次，他們正在偷摘水果的時候，被我一個老鄉發現了，前去制止時，被那幾個偷摘水果的當地人打折了幾根肋骨。於是，我的老鄉們就跑到農場所在地的公安派出所報案，結果農場所在地的派出所說，偷摘水果的人是另一個鎮——灘溪鎮的人，所以應當讓灘溪鎮派出所管。到了灘溪鎮派出所，他們又說案件發生在農場，應當由農場派出所管。就這樣推來推去，誰也不願意管。

於是，我的老鄉就找到了我，讓我來幫他們告狀。當然，他們也會給我些在他們看來是合理的報酬。

所謂的告狀，並不是去法院起訴，而是向政府反映，要求政府進行處理。可是，經過一級一級地向政府反映，一直反映到江西省信訪處，依然毫無辦法。這天，我從江西省信訪處反映回來，去看一個我高中的同學。他大學畢業後，分配在江西省委檔案局工作。我到了他那裡，談起了這個案件。中午的時候，正好他的一位鄰居來逛門，知道了這個事後，就答應幫忙。讓我們把情況寫一個兩百字內簡要說明。

我們半信半疑，就按他的意見寫了一份，然後把完整的材料也給了他一份。

想不到，就是半信半疑做的事，迅速把我跑來跑去也解決不了的問題給解決了。我人還沒有回到家，縣公安局就派人把那幾個打人者給抓了！

後來，聽說，那個讓我們寫簡要的人，是省裡某主要領導的一位秘書！

但是，就是這件事，讓我在老鄉中名聲大振。也使我的那些老鄉們，在當地的地位有了大大的提高：在此後的好些年裡，當地人都不敢再去欺負我的那些老鄉們了。

因為，他們說：那些浙江移民，「省裡有人」，惹不起！

或許，與這件事也多少有點關聯吧。後來，農場就給我安排了新的單位，讓我去上班。

這是一家假中日合資的企業，所謂的日方，是一位日本的教授，是他中國香港的妻子，跑到內陸來投資，和農場合資成立的一家果類飲料公司。

我的職位一開始是公司辦公室主任。

到了新的單位上班後，因為單位離家比較遠，只能一個星期回家一次。此時，兒子已經會扶著東西，走來走去了。每當我回家的時候，兒子扶著東西，走過來接我。有時，我和房東一起喝酒，他也會扶著東西走過來，擠在我的身邊，看著我喝酒。有一次，他偷偷地把手指伸入我的酒杯，然後把手指伸入嘴裏嚐了一點，皺了半天的眉頭。後來我再讓他嚐，他再也不嚐了——那對他來說是一種又苦又辣的液體。

或許，與此有關？他至今都不會喝酒。

妻子很快又失業了，原來的單位，徹底地關門了！

那時，中國的第一部《勞動法》雖然說已經頒布了，但中國企業員工失業，還是沒有任何的保障，沒有失業金、也沒有經濟補償，說走路就走路——甚至之前欠的那些工資，也別再想要了。

我離開學校到企業時的一位我的頂頭上司，當時是農場工業辦公室的主任。用當時的級別來說，也算是處級幹部——相當中國一個普通縣的縣長這個級別，因為那個農場的行政級別是廳局級。後來，可能是與上級關係沒有處理好，他被貶到農場中學去當老師了。在這個過程中，他摔了一跤，大概把股骨頭摔斷了，又沒錢醫治——按道理，應當是有公費醫療的，但農場是企業單位，所有的費用都是由企業自己來出，政府是不承擔任何責任的，而企業又沒錢，他的傷就這麼一直拖著，最終只能癱瘓在床，一動不能動。而且，由於癱瘓了，也不能上班，所以連工資也沒有得發了，只能靠他妻子一點收入生活。後來為他妻子也忍受不了這樣艱難的日子，帶著小孩跑了！

我去看過他一次，只見一個人躺在床上痛苦地呻吟著，房間裡充滿了難聞的臭氣，黑色的蒼蠅滿屋子嗡嗡嗡地飛著。只有一個老太太，據說是他的保姆，在照料著他的生活。

後來，我通過了律師資格考試，並開始執業後，試圖幫他打工傷官司。可是，時間過去得太長了，什麼工傷認定，什麼傷殘鑒定都已經沒辦法進行。只能通過私人關係——因為那時正好中學的書記，是我以前的一位學生，最後只能解決了他的生活費問題。

他是怎麼死去的，我不知道。但他是怎麼活著的，我是知道的——永遠都只能躺在床上，在那充滿臭氣的、飛滿蒼蠅的屋子裡，呻吟著。

這就是當時中國社會面臨的狀況。

我妻子失業後，單位給我分了一間房間居住，她就帶著兒子來到了我新的單位。單位裡有幾個人，總喜歡捉弄我的兒子，嚇唬他。當他三四歲的時候，一次別人又嚇唬他，他居然會跑到廚房裡去，拿起一把菜刀，向著那嚇唬他的大人砍去。

每想起他穿著一雙不適腳的拖鞋，一手提著菜刀，一手指著對方怒斥的模樣，那性格簡直完全是從我這裡複製過去的。

一開始，全家靠著我上班那點微薄的工資還能維持生計。為了讓兒子開心，我特意用家裡積餘下來的錢，買了一輛兒童電瓶車。兒子很開心，每天一大早，天才濛濛亮，就會起來，讓他母親把車子搬到屋外去，在公司內開著電瓶車嗡嗡地滿院子裡轉。

有時，會歇下來，把車停在公司總經理的那輛本田雅閣車的邊上，然後，開心地跳著。

但就是這點微薄的工資，也很快就發不出來了！從拖一兩個月開始，到拖上四五個月，實在沒錢用的家庭，只能向公司以借的名義，領取可憐的一點活命錢。

我必須尋找新的出路！

五、尋找希望

最後，我決定參加律師資格考試！

當我拿定主意的時候，立即給縣司法局打電話，問他們當年律師資格考試什麼時候開始報名。結果，他們告訴我，我打電話的這一天，就是最後一天。我立即放下電話，跑到公路邊上，攔了一輛去縣城的車，直奔司法局。到了司法局，先填寫表格，然後領取考試資料。負責登記的工作人員對我說：今年就不要參加考試了，因為律師資格考試是很難過關的，她還從來沒看到過有誰當年報名，當年就能考上的。再說，離考試也只有三個多月，那麼多書，我就是看一遍也看不過來。

但對我來說，等第二年再考，已經等不及了！因為我所工作的公司，已經幾個月發不出工資了，也不可能指望它會好轉。而我，必須要掙錢養家糊口，一年的時間，對我來說太長太長。

交了錢，把一堆律師資格考試的資料抱了回來。

同事們看到我抱了那麼厚厚的一大堆書，驚訝地說：「這麼多書，你怎麼看哦！」反正公司上班也沒事做，大家只不過坐在一起瞎吹牛。我就利用他們這個吹牛的時間，看我的律師資格考試書。

結果，我的這種行為很快被嚴厲制止了：不准在上班時間看與公司事務無關的書！瞎聊可以，偷偷地跑到外面去玩可以，拿著一張舊報紙你翻來覆去看可以，如果你是女的，拿著一團毛線坐在辦公室織毛線衣也可以。

但是，你不能看書！

於是，我很快提出了辭職！

公司正愁人多沒辦法發工資呢，聽說我辭職，馬上答應了。

我就利用公司的一間老舊辦公室，在裡面擺放了一張我自己從學校帶來的舊辦公桌，放了一張簡易床。每天吃過午飯就到這個房間裡看書，看到吃晚飯時再回去吃晚飯。吃過晚飯，又泡上一大缸茶葉茶，再看書到天亮。

有時，兒子會跑到我的小屋子裡，要和我說話，想讓我陪他玩。但只要我告訴他我要讀書，以後可以掙錢，或者他媽媽找來了，讓他別打擾我看書，他總是會很乖地離開。至今想起，我還覺得我很虧欠我的兒子，我不僅欠他一個幸福的童幼年，我還欠他，與別的小孩那樣的和父親一起玩耍的快樂時光。

我律師生涯的開始，可以說既意外的順利，又格外的坎坷。

說意外的順利，那是因為我只花了兩個多月的時間看書，第一次考試就順利地通過了二百四十分的那個門檻。說起坎坷，那是因為，從考試分數一出來，就意外不斷：先是九江市司法局把我的名字搞錯了。我姓名中的三個字，就錯了兩個，這導致誰也不知道我已經順利通過了考試。後來，還是我從文檔中看到了那個非我而似我的名字，斷定那肯定是我，因為，全縣總共只有四個人參加這一年的考試，其他三個人都找到了，就是我的名字沒有。後來，通過市司法局查問，才確定了那個弄錯的名字就是我。之後，就等著拿到資格證書，然後找律師所實習了。然而，別人的資格證書都拿到了，偏偏我的還沒有任何音信——直到很久以後，才知道我的資格證書早下來了，只不過一直放在縣司法局工作人員的抽屜裡睡覺——後來他們的解釋說，是不知道我去了哪，沒辦法和我聯繫！

而我，在近一年的時間裡，一直沒有外出，就是在等著拿我的資格證書。也去問過，但回答都是他們不知道。

在等待著拿律師資格證的這段時間裡，為了掙錢，我又重操舊業，買了烤箱、攪拌機等的，找了一個幫手，開始做麵包、糕點，以企掙點養家糊口的錢。

然而，生意並不如我想像的那樣，而且當時一般的人，根本就不願意吃麵包、糕點，或者，也許是因為消費不起。畢竟，一個麵包，就勝過幾碗米飯了。那個時候，雖然經過了一段靠銀行借貸而撐起的表面繁榮。之後，農場的經濟普遍不行。又遇上經濟危機來臨，各個工廠都已經無米下鍋，發不出工資了。我的幫手他說要搬到縣城去開才行，但當時我已經無錢租店面了。我的幫手說他可以回家問他的父母要點錢，作為合夥。但是，一次回家之後，他就再也沒有回來了。

他突然失蹤了！在很多年以後，有人從他家後山上發現了一堆白骨，白骨不遠處，還放著一個農藥瓶子。

公安從現場判斷，這個人是服農藥自殺的。而從白骨邊上的一隻手錶，斷定了那就是多年前失蹤的我的那個幫手。

他服藥自殺的原因，至今是個謎。

於是，我又回到公司上班。此時公司根本就發不出工資了，但有飯吃，有酒喝。因為公司天天有客人要招待，所以公司的老總要麼不時從另一個農場的奶牛場弄來頭剛出生的小公牛，要麼又不知從哪個農民的家裡，買來了幾隻山羊。總之，有各種魚肉可吃。而酒呢，則是之前抵債抵了兩大卡車的白酒，還有自己生產的米酒——本來是用來生產清酒用的，或者，自己生產的各種果酒。反正，用了不到兩年的時間，那兩大卡車的白酒，就被喝了個乾淨。

到了一九九八年的時候，公司基本已經停產了。這一年，發生了大洪水，公司的人，在洪水開始期間，天天到水庫或者河流的大堤上去扛土包堵水。結果，因為長江的水位太高，終於導致了長江潰堤，滔滔的洪水直接衝進了九江市。

為了減少長江洪水的流量，之前我們努力堵住的撫河、修河，開始掘堤的掘堤，開閘的開閘，一時間，洪水淹沒了公司四周的稻田、道路。我們被困在一個四面環水的山頭上。公司前面的公路上，不時會有魚翻著肚子流下來，於是，我們就趕緊跑去撿魚。雨過之後，在一位副總經理的帶頭下，以竹為竿，人手一枝，大家都以釣魚為業了。

釣來的魚，大家或一起吃，或拿回家自己燒。我則用烤麵包的烤箱，烤成魚乾，然後整袋整袋子地送人。

這段時間，大家都過著同樣的日子，沒錢，但窮開心。

拿到資格證書後，要找一家律師事務所實習——可是，因為在一九八九年，我參加過同情學生的活動，甚至還在很長的一段時間裡被通緝。縣裡的兩家律師事務所，都不願意接收我的實習請求——直到第三家律師事務所出現，他們急於招人，我也急於趕緊完成實習，能夠開始執業，所以一拍即合。

可是，我的實習期滿了，律師事務所卻一直不能給我申請正式執業——直到後來，我才知道，問題出在我所實習的律師事務所。雖然那個律師事務所的執業證是真的，但有關部門卻說，這是一家不合法的律師事務所。正因為這一點，我的律師執業證也一直沒辦法申請下來，直到這家律師事務所被註銷，然後由司法局把我，還有另一位實習律師，強制轉入另一家律師事務所，我總算是可以名正言順地開始執業了！

然而，正式執業給我帶來的，並不是什麼喜悅，而是更多的艱辛。

先是這個縣太小太小了，而且經濟嚴重落後，而在中國百姓的口中，有一句普遍流行的古語：「氣死不告官。」也就是有再大的委屈，也不要去提起訴訟。另一方面，無論是百姓還是官員，都是權力意識遠高於法律意識。遇到事情，能通過關係的，盡量通過關係去擺平。所謂的通過關係，就是找到一個有權力的人，然後讓這個人利用他的權力，來幫自己達到目的。

即便迫不得已向法院提起訴訟，也得要找一個關係好的人，去法院疏通。所謂疏通，也就是找到與辦案法官關係好的人，通過送禮或者權力手段，讓法官作出對自己有利的判決。所以，許多百姓都說：「打官司，就是打關係。」不是看誰的訴求更有事實證據，更符合法律規定，而是看誰能找到更厲害的關係。

正因為這種關係的重要性，所以，每一個律師都在拚命地努力爭取與法官們更好的人際關係。

如何爭取?當然不是靠律師的法律素養，也更不是靠與法官的「職業共同體」認同，而是靠金錢!靠如何給法官輸送更多的經濟利益!

在這樣的環境下，法官吃律師的、拿律師的，也就成了一種當然。如果哪位律師既不向法官送禮，又不請法官吃喝，那幾近就是異類，就要被法官歧視，代理案件時，多半會遭受到法官們的嘲弄。這樣的律師，當然也就沒有人敢將自己的事務委託與他了。

我剛執業的時候，也就是這樣。有案子時，得想辦法請法官吃喝，或者送禮，沒案件時，當然也少不了的，因為不能平時不燒香、臨時抱佛腳。感情是要平時就慢慢培養的。

所以，春天了，得給法官準備春天禮物，夏天了，要給法官準備夏天的水果，秋天了，要給法官準備秋實，冬天了，我們那裡出木炭，當然又少不得準備些過冬的薪炭。法官路過，一個電話打來，你得準備他們路過時的用餐，法官家裡有事，你得出錢表示慶賀或者慰問。過年了，你得去拜年，過節了，你得準備好禮包。

這一切，當然都是需要有錢！

然而，我沒有錢。

六、艱難歲月

我所在的縣，雖然經濟落後，人口不多，訴訟業務或者其它法律事務本來就少得可憐，可縣裡大大小小的律師卻差不多也有近十個了。其中有五六個老律師，執業十幾年了，一般只要手中拿得出一點錢的人，都喜歡找「老律師」。因為他們的「經驗豐富」、「關係可靠」。只有那些不太出得起錢的人，才會找我們這樣才出道的新律師。所以，我能得到的案源，少之又少。而且，為了爭取案源，往往收費時，先只收一部份，其餘的等當事人「有錢」了，或者案子有了一定的進展，再慢慢地分批次給。許多當事人，在案子結束了後，也就不再願意給了。你案子辦得快，他們不願意給，因為他們覺得你並沒有花多大精力；案子都結束了，他們更不願意給，因為用不著你了，幹嘛還要給錢？如果案子辦得不滿意，他們更有不給錢的理由了：你案子都沒給我辦好，我不要你退錢就不錯了，你怎麼還能問我要錢？

所以，在中國，交易成本是很大的。那是因為，信用的缺失，人與人之間都互相不信任，導致交易成本巨大。

也正因如此，雖然我一年忙到頭，卻並沒有掙到錢，家中甚至可以說是赤貧如洗。最窮的時候，我想買一包五角錢的煙，翻遍房屋裡每一個角落，結果只能找到了一個五分的硬幣。

「貧賤夫妻百事哀」這是中國的一句古語。意思是說，夫妻只要貧困了，就做什麼事都做不成，夫妻的感情，自然也就產生種種的矛盾。

有一次，家中實在沒錢了，我就去一家國有工廠去催要他們欠我的一千五百元律師費。這筆錢，是他們早就應當支付給我的，結果，一拖再拖。我去了之後，他們又說沒有錢，還是像以前那樣，口頭答應我一有錢了就支付給我。結果，最後，他們只同意用一台他們也是抵債抵來的一台電動縫紉機，來充抵我的律師費。

於是，我想，如果能把這台縫紉機賣了，換兩個錢也是可以的。

按照他們的習慣，再沒有錢，酒還是要喝的。於是，中午逼著我一起喝酒，喝完酒才把那台縫紉機給我。

我喝他們敬我的酒，又喝了回敬他們的酒。最後，醉醺醺地扛著一台沒用的電動縫紉機，回到了家。

回到家，又睏又累，倒在房間的地上，就睡著了。

兒子叫我起來燒飯，我也起不來，頭沉重得要命。當我起來要燒的時候，妻子已經把飯燒好了，但放在鍋裡，並沒有人吃。我又昏昏沉沉地回到房間，躺下睡了。

不一會，隔壁鄰居跑來叫我了，說我妻子吃下老鼠藥了！

我一下驚醒了！

我那時的家，居住在農場所在地的一個小山腳邊。房屋是因為我兒子該上幼稚園了，向人借了三千塊錢，從別人手裡買下的離小學不遠的一間半房子。

這房子，還是上世紀六十年代建的，曾經是養奶牛的牛棚，後來沒牛了，就改成了農場職工的宿舍。

破舊，潮濕，而且多蚊蟲。

當然，老鼠也多。

所以，我妻子就常買些鼠藥來毒殺老鼠。

當時，流行的毒鼠藥有三步倒，也就是氰化鉀，因為有劇毒，說是吃了這東西，只要走三步，就會倒下，所以民間都叫三步倒。還有一種是滅鼠靈，成份是氟乙醯胺，它的毒性，也和氰化鉀差不多，醫學上，當時也沒有任何有效的解毒藥物。

因為這兩種藥物，都是白色的粉末狀結晶，所以，很難分清，究竟是氰化鉀還是氟乙醯胺。我妻子吃下的，就是其中的一種。

當我驚醒的時候，我妻已經在那裡嘔吐了，我趕緊叫隔壁鄰居幫忙送到醫院去搶救，我自己則趕緊去借錢——因為家裡，實在是拿不出錢了。

先向路邊開小店的，我的一位曾經的學生那裡，借了三百塊錢，然後又跑到我岳父那裡，跟他說了我妻子服毒的事情，再向他借些錢，送到醫院去備用。又告訴了我岳父徒弟的妻子李改蘭，因為她和我妻子的關係最好，我就讓她幫忙照看我兒子。

等我趕到醫院的時候，醫生正在給我妻子洗胃。洗胃的手段是很原始、很野蠻的。就是用一根塑膠的水管，插進患者的喉嚨裡，然後另一端，插上一個漏斗，兩個人站在凳子上，一個人拿著漏斗，另一個人提起一塑膠桶的自來水，往漏斗裡倒下去，直到患者的胃承受不住了，一下把水從嘴裡噴了出來。

然後，又灌水。

就這麼反覆了幾次後，直到噴出來的水，醫生認為無任何其它雜物了，洗胃就算是洗好了。然後再把患者抬到病床上去，醫生掛上兩個鹽水瓶，裡面用的是什麼藥物，也無從知道。

我妻子經過這麼一番折騰之後，已經陷入了深度的昏迷。

這時，不知是誰，對我說，賣老鼠藥的人，都有特效解藥的。他們是用來防止自己中毒準備自救用的。我聽了，又立即跑到菜市場去，找那些賣老鼠藥的人住在哪裡。終於被我找到了一家，我敲開了門，說明來意。

可是，他們卻始終說這種老鼠藥是沒有任何解藥的。

我不相信，於是跪下來，求他們，甚至向他們磕頭，希望他們能發發善心，救我妻子一命。

最後，那人拿出兩支液態的玻璃密封的藥劑，讓我拿去給我妻子服用下，就行了。我千恩萬謝之後，趕緊跑回醫院，準備把那求來的「解藥」給我妻子餵下去。

我的行為，被醫生阻止了。因為醫生說，如果吃下去，萬一出了問題，究竟算醫院的責任，還是我們家屬的責任？

後來，醫生把我求來的那兩支藥拿過去一看，說：「這就是安定，我們已經在給她注射了！」

這時，我才仔細地看那玻璃瓶上的字，才發現，這確實就是安定。

也許，就是安定的作用吧。我妻子似乎是深深地睡著了。

更也許，是深深地陷入到了昏迷狀態。

總之，她很安靜地，一動不動的躺在病床上。

而我，卻一點也不安靜。不時的在病房裡來回走著，不知道自己該怎麼辦！

如果，我的妻子，她就這樣離我而去了，我該如何撫養好我的兒子？如果，我的妻子就因此而殘廢了，比如成了癡呆，或者植物人什麼的，我今後又將如何生活？

這兩種結果，無論哪一種，都是我無法承受的。

此時，我能做的，只能是向上帝默默地禱告，求萬能的主，憐憫我，眷顧我，讓我的妻子，能夠轉危為安。

這一夜，我除了偶爾坐下來，呆呆地看著那無知無覺的妻子，大多數時間，就是從病房的這頭，走到病房的門那頭；從病房的門那頭，走到病床前，然後又走到病房的門那頭。似乎並不知道疲倦。

我不敢睡，也睡不著。

孤獨、無助、內心又無力。

我不知如何是好，無可訴之人，無求助之處，欲哭而又無淚。只有一支接一支地，不停地抽著煙；一遍又一遍地，在病房裡來回。

我害怕這黑夜，怕這黑夜，會奪走我妻子的生命。

七、逃離死亡線

好不容易等到天明了，我的岳父岳母也來到醫院看望。他們來了，我的心裡，略為有些安慰，總算，萬一有事，有個可商量之人。

經過一夜的昏迷，我妻子的手腳開始有所動作。一開始，我以為這是好的現象，也許，這是要醒來的徵兆。但隨著時間的推移，她的動作越來越頻繁，而且開始伴隨著抽搐。問醫生，醫生也不知所以然，他們也不知道如何救治。

我的老鄉們，也知道了我妻子的事，他們也陸續地到醫院來看望。其中也有一兩個有些經驗的，看到我妻子那樣不停動著手腳，且時不時地在抽搐的樣子，就對我說：

「有水，看樣子不對了！」

看樣子不對了，就是病情正朝著壞的方向發展。再問醫生，醫生此時也毫無舉措。於是，我跟我岳父一商量，決定轉院！轉到南昌去！

我跟我老鄉們商量，讓他們借我些錢，又讓他們去幫我找車輛——那時，醫院裡也沒有救護車之類的，所以轉院，必須自己去找車。

車子找來了，付清了醫院所有的費用之後，醫院才放我們走。

我岳父、還有兩個老鄉，一起陪著我，帶著我妻子上了車，向南昌奔去。

一路上，妻子的病情越來越嚴重，手腳不停地在空中揮舞著，而且，開始失禁。我不時地催促著司機，開快點，再開快點！

但車的速度，也只能那麼快了。特別是一進了城，有限速、有紅綠燈、還不時地有隨意橫穿過街道的行人。

終於到了醫院！

一個力氣比較大的老鄉，抱起我妻子就往醫院的急救室跑，我跟在後面。到了急救室，醫生問我我妻子吃的是哪一類的老鼠藥。我告訴她，是一種白色的，粉末狀的藥物，是什麼成份，我不清楚。

「能不能找到剩下的藥？拿過來我們化驗一下，看是什麼成份，」醫生這麼一說，我立即讓老鄉回去，告訴他家裡的老鼠藥可能放在哪，找找看。

醫生聽說我家離醫院很遠，就說：「那我們也沒辦法了，只能對症下藥吧！」於是，開處方，讓我去交錢，拿藥。

醫生開的藥有魯米那、安定、氯化鈉注射液、氯化鉀之類的。我付完錢拿到藥就跑到急救室，護士立即給我妻子掛上。

因為我妻子一直在不停地亂動，所以需要我在一邊，把我妻子輸液的那隻手按住，不讓她動。她父親則幫忙按住另一邊。

這樣，大概過了半個小時，我妻子終於安靜下來了。她又進入了似乎是沉睡的狀態。又有一個人送進來搶救了。是個男的，也是因為吃了農藥，也是深度昏迷，只不過那臉色似乎在發黑。

醫生和護士們，一陣忙亂，壓胸的壓胸，注射的注射。折騰了一陣之後，又拿出一個類似電熨斗樣的東西，放在患者的胸前，嘭！嘭！嘭！地擊打著。每擊打一下，那患者的身體就會向上彈跳一下。

擊打幾十次後，醫生停了下來。拿出一塊白色的布，把患者從頭到腳地蓋上——我知道，他，已經死了！

醫生把這個死者推出去不久，又送進一個人來。這個人滿臉血肉模糊，那個腳一下曲起，一下伸直，又一下曲起，一下伸直。每伸直一下，都會發出嘭地一聲。

這是一個車禍的傷者。醫生說，需要立即做開腦手術，先要送去做個腦顱檢查，然後再來搶救。於是，又推了出去，但再也沒有推回來。

在這裡，我似乎是來見證死亡的。

我真擔心，我的妻子，是不是也會和他們一樣？

只有向上帝祈禱！

萬能的主，他沒有拋棄我，也沒有拋棄我的妻子。

終於，大概又過了四五個小時吧，她終於睜開了眼睛，醒了！

一看到她醒來那一刻，我突然控制不住地嚎啕大哭起來！

多少年了，我都沒有這麼哭過！無論是受到了多大的委屈，經受了多大的痛苦，都沒有哭過。

哭，這一人類的本能，我似乎一度已經喪失。但當我看到我妻子的眼睛突然睜開，而且那麼明亮、天真而無邪時，我突然恢復了哭的本能，而且一下子似乎要把之前該哭而沒有的哭，都補上似的。

我真的是不能控制我的哭泣。那種感覺，真的是暢快淋漓的，能讓我從頭到腳的每一個細胞，都能充分地發洩！是極喜，還是極悲，是極苦，還是極樂，你無法去分清。

或者，兩者皆有。

「你怎麼哭了？」妻子問。

她覺得很奇怪，怎麼一睜開眼，居然看到我在哭。

「你終於醒來了，我高興，」我終於止住了哭，回答說。

「狗崽呢？」她急切地問。

狗崽，我兒子吳葛健雄的乳名。因為他出生的那一天，按中國的農曆年，應當是屬於狗年、狗月。而且，許多中國人喜歡給自己的小孩取一個賤名，據說是這樣才好養，所以我岳父就首先說既然是狗年狗月生的，那就叫狗崽。

「狗崽李改蘭在帶，」她父親見她醒了，也很開心，對她說，「你就好好養病吧！」

「我在哪？」她問。

「哦，這是在醫院，」我告訴她。

「我怎麼了？」她好奇地問，「怎麼會在醫院？」

「因為你不聽話，」她父親說。

「我病了嗎？」她又問，「我怎麼什麼都不知道？」

「你生了一場大病，現在好了，」我說，「你要好好休息。」

「我好餓，想吃稀飯，」她說。

是啊，昨晚洗胃，把胃裡的東西都洗乾淨了，而且又差不多一天沒吃東西了，自然一醒來就覺得餓。

而我，此時也突然感到餓了起來。

是的，我也是從昨天晚上起，到現在沒吃任何東西了。而我岳父，也近乎一天沒有吃任何東西！於是，我趕緊出去買些吃的東西。

因為我妻子的胃裡全是空的，所以，我知道只能給她吃些湯汁類的東西。我將買的食物，帶回到急救室，我和我岳父、妻子，就在急救室吃了一餐似乎是天底下最美的晚餐！

吃過晚餐之後，我岳父估計沒什麼事了，就去坐車回家了。

醫生說，還沒有過危險期，還需要在急救室待上一段時間，怕病情有突然的反覆。所以，我和妻子就在急救室度過了一個晚上。幸好，晚上和夜間送來急救的病人並不多，所以也得以安睡。

到了第二天，醫生讓我們轉入了普通病房，說是要觀察半個月才能出院。因為，我妻子的各項身體指標還是很糟糕，需要一段時間的治療和恢復，否則還是有危險的。

我們轉入了普通病房，我妻子看起來，一切都很正常。

只是，她失去了許多記憶，她不知道自己家在哪，也不知道兒子有多大了。她只是記得，自己和我結了婚，自己生了一個兒子，叫狗崽，之後的，都已經在她的大腦中消失了！

於是，我每天除了給她拿藥，買吃的，就是給她講我們過去的事情，一點一點地讓她恢復之前的記憶。

過了大概半個月，到了出院的時候，她的記憶已經恢復到出事前一兩個月的那段時間了。

出院時，醫生交待我說，我妻子的腦部，出現有癲癇的癥狀，回家必須讓她持續吃藥，以防抽搐。這個藥一次只能開一個月，必須吃完了後，再來開。於是，我拿著醫生給開來的夠吃上一個月的魯米那片劑，帶著我的妻子回家了。

在回家的路上，我和我妻子，都在擔心著，不知道這十幾天以來，兒子怎麼樣？突然不見了爸爸媽媽，在這離開爸爸媽媽的十幾天時間裡，他有沒有哭泣，有沒有去上幼稚園？

八、兒子的呼喚：媽媽，你在哪裡？

我兒子是堅強的，他從小就堅強。曾經在公司時，我的同事總是喜歡用種種辦法想弄他哭，而他就是不哭。無論是嚇他、騙他，他都不哭。正因為他不哭，這就使得我的那些同事，越想要逗他哭。甚至掐他的臉，痛，他也不哭。最多，他就只是含著眼淚，倔強地不讓眼淚從他的眼裡流下來。

記得有一次，她媽媽騎自行車帶他去另一個地方，不小心把他的腳夾進了自行車的輻條中，被摳得血肉模糊，他沒有哭。還有一次，因為我另一個同事的小孩有好吃的，我兒子看見了，他也想吃，結果被我妻子打得滿臉都烏青，他也沒有哭。再委屈的時候，他也只是用手背把眼淚抹去，但絕不哭出聲。

事情發生的那天晚上，我因為讓隔壁鄰居幫助我妻子往醫院送後，急於要出去借錢，一時也忘了帶著兒子。當然借到錢去醫院時，也沒有在意兒子怎麼樣，大概是因為自己已經告訴了我妻子的朋友李改蘭，讓她幫照顧了，所以也沒有在意。

事實上，那天晚上，隔壁鄰居用板車推著我妻子去醫院時，我兒子也跟著去了。只是，因為他太小，追不上那些大人的步伐，所以，轉個彎後，他就不知道他們把媽媽送哪兒去了。於是，他到處找，也沒有找到，最後只有一個人哭著往回家的路走。一邊哭，一邊說：「媽媽，你在哪？媽媽，你在哪？」

當李改蘭到我家去時，沒有看到我兒子，她以為我兒子在醫院。她跑到醫院，才發現，我兒子並不在醫院，然後又往回找。最後在路上，看到了邊哭著邊找媽媽的狗崽。

寫到這裡，我又止不住流淚了。

寫這篇東西，常常讓我流淚，邊流淚邊寫。這裡面的許多東西，是多少年來我一直不敢去回憶的。

因為，心會痛，真的會很痛。

可是，我內心告訴我說，我必須要寫，讓大家知道，一個普通中國人的真實故事。

在我和妻子不在的時候，白天，我兒子會跟李改蘭的兒子一起去學校上學，中午，一起回李改蘭家吃飯。但是，晚上放學，他都會一個人，偷偷地跑回自己的家，希望能看到爸爸媽媽正等著他吃飯。

當然，每次回到家，他看到家門依然是緊閉的。但他仍舊不會放棄，而是會坐在家門前的那個用水泥做成的圓桌子前，邊寫作業，邊等爸爸媽媽回家。作業做完了，他就會攀在門前的那棵桔子樹上，一邊往外望，一邊不停地念叨著：「媽媽，你在哪？我餓了。媽媽，你在哪，我餓了，我想吃你給我做的飯。」

說實在的，當李改蘭笑著對我描述我和妻子不在家時，兒子的這些行為，我一點也不感覺可笑，而是心痛。

這一事故，又讓我背下了更大的一筆債，日子越發過得艱難了。妻子或許也知道，因為她又讓家裡欠上了這麼一筆債，或許也有些愧疚。而我，也因為她才那麼大病一場，又留下了一個癲癇的後遺症，所以也更加處處讓著她。家庭生活一下平靜了許多，不再似以前那麼天天吵鬧。

家裡沒有錢，這一點，就連我兒子憑著他直觀感覺也感覺到了。他也知道了錢的重要性。

一次，他的小舅找我有事，他跟著我一起去了。當時，他小舅拿出一張五十元的鈔票，要算是給我的費用。我謝絕了之後，小舅就遞給我兒子。

我以為我兒子不會要的，因為我和我妻子從小就禁止他要別人的任何東西。經過他幾次挨母親的打之後，他再也不敢要別人給的東西了。

想不到的是，我兒子這次居然很快就接過了他小舅舅給的錢，而且，馬上就往回家跑了——他是怕，怕我不讓他收下他舅舅給的錢，所以先跑回家再說。

還有一次，我接到一起發生在浙江富陽的交通事故案子，第一次得到了最多的一筆律師代理費兩千元，拿回家時，我兒子開心地拿著那些錢，在床上反覆地數著、玩著，說：「我們家有錢了！」

原來，有錢，是這麼可以讓我兒子開心的！

從此以後，我就開始把每收到的一筆錢，都固定地留下百分之十給兒子存起來。是的，我需要錢，而且還需要有更多的錢——因為，我有兒子，我兒子也需要錢！

為了有穩定的收入，我又去應聘《法制報》的編輯，但這份《法制報》更像是街道小報，盡發些花邊新聞、奇聞異事，或者各種兇殺案。這樣的工作自然不適合我。又到一座警察學校去應聘當兼職教師。這次教的是民法學，而不是之前所教的那些連我自己也不相信的理論。

但很快，我又無法容忍學校的那種氣氛了：每天上課，前往教室的路的兩邊，每隔一兩米，都要站有一對穿著制服的學生，然後，每當一個老師走過時，都必須敬禮。而那些學校的正式教師，也彷彿一穿上了警察制服，就變得不可一世起來，到哪都要體現出那種警察的特權，處處都要耍警察的威風。儘管，他們也只不過是和我一樣，靠教書賺點錢以養家糊口。當然，他們有著各種的福利，有著各種的保障，比如有免費的醫療，不幹事也照樣有工資可拿，政府要保證他們的生老病死。可我，只是天上飛的鳥，得自己到處覓食，病了，得自己出錢治，生小孩沒有人管，死了，呵呵，我家屬也沒有什麼撫恤金。

我不喜歡和他們在一起，所以，才教了一個學期，我就退出了，還是做我的律師算了。

然而，我的正式的律師執業證還沒有拿下來，我所掛靠實習的律師事務所卻被撤銷了！因為，那個律師事務所，只有我們主任是律師，其他人都算是實習的。因為當時，法律還沒有規定可以設個人所，而只能是三名執業三年以上的律師，才能開合夥所或者合作所。所以，這家事務所顯然不符合法律的要求。

於是，我被併入了一家之前一直拒絕收留我實習的律師事務所。終於，我也拿到了正式的律師執業證。我的業務，也開始有所起色。

然而，厄運卻又來臨了！

九、我，謀殺了我的父親

二〇〇二年冬，似乎也並不是那麼的寒冷。

十二月份的時候，我接到了我二姐的一個電話，說是母親的身體很糟糕，快要不行了，讓我盡量抽空回家看一下。

二姐的電話，讓我想起，我似乎有兩三年或許更多的時間沒有回過家了。現在母親病重，雖然手中沒錢，但還是應當回家看望一下。

於是，我獨自坐上了回家的班車。越是臨近家時，我的思緒越是紛亂。當車子到了家門口的時候，我竟然不知道。等我如夢般地醒來的時候，車已經開過頭十幾里路了。我趕緊叫司機停車，然後下車往回走。

天，又要下雨了。我打電話給父母家裡，告訴他們我坐車坐過頭了，正在往回走。我二姐夫就趕緊拿了傘，過來接我。

到了家，進了大門，再進入父母住的房間。

父親的身體很好，自從那次被醫院退回來之後，他的心臟病就再也沒發過了。只有我母親，可能是因為肺結核，身體日益地見差，越來越顯出風燭殘年的樣子。但是，她聽到我來了，就不停地叫我，對我訴說著父親對她的好，父親就只在一邊憨厚地笑著。

想不到的是，我的這一次回來，居然要了我父親的命！

這是我在父親去世幾年後的二〇〇五年清明節寫的回憶文章：

昨夜又夢見父親了。

他還是那麼地慈祥，就像他的生前。

父親是我謀殺的，是的，是我謀殺了我的父親。如果不是我的話，父親是不會這麼早地就逝去的，儘管他去世的時候已經是八十七歲的人了，但他除了有嚴重的心臟病外，沒有別的什麼病，但父親的死，卻不是因為心臟病。

父親的死，是我謀殺的。

那一天，我回去了，莫名其妙的我，突然想到要回家去，在我妻子的竭力反對之下，我堅決地回去了。因為我的父母都已經是年過八十的人了，在外工作的我也已經有四年沒有回去看看他們了，每當我聽到那首《常回家看看》的歌時，我總是禁不住地要流淚。儘管我離家並不是很遠，因為我妻子每次在我回家去一趟的時候，總是要無法無天地和我吵上幾天，我父母知道之後，就勸我別去看他們了，就是有病，也要我的哥哥姐姐們對我隱瞞，為的是怕我要回去，又鬧得她和我吵架。但是這一次，我不知道是為什麼，在沒有任何理由的情況下，我毅然地踏上了回家了路。

也不知道為什麼，快到家的時候，我是那麼地思緒萬千，以至於到了家門口的時候居然忘記了下車，一直坐過頭了十幾來里路才從夢一般的思緒中醒過來。

在大雨中，我走了十幾里的回頭路到了家。坐在火爐旁的母親，聽到我的聲音後就不停在喊著我的名字。我趕緊到了她的面前，想不到我的媽媽已經那麼地衰老瘦弱了！母親已經不太能走路了，她已經病了差不多快一年了，但是始終沒有告訴我。我半跪在母親的面前，眼淚也止不住地往下流。母親用她那枯瘦的手，撫摸著我的頭說：「這麼大的人了，還流眼淚，真是沒有出息。男人的眼淚是不能隨便流的。」

我說我知道，我不會再流了，只是在外面太想家了。在一旁的父親，還是像以往一樣，沒有作聲，只是用一種少有的慈祥的眼光看著我，時不時地擦一下流下來的鼻涕。

「我快不行了，」從來不當著父親的面說父親好話的母親說，「都虧老頭子呀，不然我都完了，是你老子把一些錢全部拿出來給我看了病。」

吃過午飯，一家人都坐在火爐旁聊起天來。不知道是命運的安排還是怎麼回事，在事先沒有任何通知的情況下，我們這一大家人，都不約而同回來了，都是從千里之外趕來的。平常不太說話的父親也變得特別的興奮，話也多了起來，對圍著他坐的兒子孫子們講起了老家的傳奇故事。講著講著，父親站了起來。我們大家都沒有注意到，他的腳在走動的時候，絆了一下凳子，接著就抖動起來。侄子們先發現，先叫了起聲，父親沒有反應。我的兩個姐夫發現情況不對，連忙向前去扶，此時的父親已經不會講話了，只是睜著大大的眼。我連忙喊著他，可是他永遠也不會回答我了。醫生來了，叫趕緊送醫院。到了醫院，醫生問了父親的年齡後，就搖搖頭：都八十八歲了，還有心臟病，能挨幾天就幾天了。半夜，我們才吃晚飯。姐夫把晚飯買來了，我不想吃，也吃不下任何東西。但是在大家的勸說下，我拿起了筷子，卻怎麼也無法夾起東西，我的手一直在顫抖著。我不相信，父親會就這樣的離開我們。

回到病房，我不時地看著父親的眼睛，此時父親的眼睛是緊閉的，只有用手拔開去看，但是父親的眼睛沒有任何的反應。就這樣，過了三天，醫院要求我們把父親運回家。在上車的時候，我對父親說：「爸爸，我們回家去吧。」父親似乎聽到了，居然睜開了眼！我有些禁不住了，流著眼淚：「爸爸！爸爸！你能聽到我說話，是嗎？」

我要求再轉到別的醫院去，但是我的兄弟們都不同意，說，這樣拖延，無非就是讓父親多增加幾天來折磨。我哭著，最後只是多開了幾天的藥回去。

回到了家，父親又睜開了眼，四處地張望著，似乎有些慰藉的樣子。我天天地守在父親的身邊，不時地給父親換著從靜脈注射的藥，用熱水袋捂著父親的腳下，給他按摩不能活動的手腳。但是，父親的病似乎還是越來越嚴重了，因為靜脈注射越來越給緩慢，醫生說，這樣的速度其實進去的藥已經不能起到什麼作用了！但是，我和我的姐姐還是不甘心。天天地為父親擦著背，按摩著。終於，有一天，父親再次睜開了眼睛，當我問他要吃點什麼的時候，他居然回答了一聲：「要。」雖然不是那麼很清晰，多少是對我問話的一種反應！我高興地大哭起來！爸爸呀，我守了你這麼多天，就是為了能讓你能好起來呀！父親的眼睛再次睜開後，就四處張望。我問他在找什麼，他沒有回答。當我問是不是要找我的兒子時，他不動了。我就趕緊打電話給我的妻子，要她無論如何要把小孩帶來一趟。在我的再三請求下，她帶著我的兒子來了。我兒子來到了爺爺的面前時，叫了一聲：「爺爺！」

父親似乎聽到了我兒子的呼喚，他的手在四處摸索著，姐夫說，他是在想找什麼呢。我知道，他喜歡我的兒子，這是他最小的孫子啊！四年多沒見面的孫子！父親越來越煩燥了，我馬上大聲地對父親說：「爸爸，我知道你想給他點什麼，但是等你好了再說，你先養病吧！」。父親似乎很傷心的樣子，長長地嘆了口氣。他不會說話，但他的心裡是明白的。

在我妻子的堅持下，我的兒子只在我父母家待了一個中午，就走了。她是包了一輛車來的。

父親的病並沒有像我指望的那樣一天天好起來，而是一天比一天地弱下去了。最後輸液徹底地輸不進去了。父親也開始一天一天痛苦地呻吟起來。我們又商量著到哪去買止痛用的針劑。買來了我天天給父親注射，希望父親在最後的日子裡能夠盡量地減少痛苦。但是父親的呻吟聲一天比一天地更吞噬著我的心。我真想跑得遠遠的，跑到一個聽不到父親呻吟的地方去。但是我不能跑，因為只有我才有空陪著父親。也只有我才敢幫父親打針，不時地為父親擦身子。

最後，父親還是離開我們了，在他嚥下最後一口氣的時候，我躲開了。我不想看到那一幕，父親最後的那一幕！

父親走了，我始終認為父親是被我謀殺的。因為如果有更好的醫療條件的話，父親是不會這麼早地離開我們的。但是，現在的農村就是這個樣，醫生說，要是長途坐車送父親去別的醫院的話，可能父親會更早地離去。在父親病重期間，許多人都對我訴說過，村裡的許多老年人得了心腦血管方面的病，都是這樣就等死的。根本不會，也沒有條件去進行更好的醫治。

父親永遠地離開我了，然而，悲劇又即將再一次降臨！

十、媽媽，讓我再為你洗一次腳

父親去世後，母親便再也沒有起過床。我臨走的時候，給她洗了一次腳。

我父親去世的那一天，是二〇〇三年的元旦。一個月後，我的母親也跟著去世了，那是在農曆二〇〇三年的大年初一。二〇〇六年的時候，我寫過一篇關於我母親去世的文章，現在也抄錄在下，作為記憶：

在如夢的日子，母親的去世，就到三周年了。曾經多少次想過，要為母親寫一篇紀念文章，可每次在鍵盤上敲下幾個字，所有一切的傷痛，總會在我心頭一湧而起，讓我再也敲不下去。

這三年來，我總會夢見到母親，每次夢見醒來後，那心頭，總也在隱隱地痛。如果母親仍然在世，我會請求她說：「媽媽，讓我再為你洗一次腳吧！」

母親不喜歡洗腳，因為她怕癢。所以，每次給她洗腳的時候，她總要找出種種的理由：什麼她老啦，腳也不會出汗，所以不會髒啦什麼的。那次我回家，一直在家照顧父母的二姐就向我告狀說：媽媽都已經有好長時間沒洗腳了！

「要洗什麼腳？我的腳從來不出汗，又不會髒，就你多事！」媽媽笑著責怪二姐。

「那也不行呀，媽媽，腳還是要洗的，」也許是人老了，也和小孩一樣吧，需要哄的，我就說，「我這麼多年沒回家了，這次回家，就想給你洗次腳，你還不答應呀？」

母親聽了，便痛快地說：「好吧，我就讓你孝順一次吧。」

於是，我叫姐姐打來了熱水，幫母親脫下了鞋、脫下了襪。想不到，母親的腳肚子，已經瘦得真正地只剩下一把骨頭了，看著母親那瘦骨伶仃的腳，一下忍不住要掉下眼淚：「媽媽，你太瘦了！」

「人老了，又不走路了，總要瘦的，」母親安慰我說，「我怕癢的哈，你要當心。」

「哦，」我應道。母親已經八十歲了，愧疚的是，這還是我第一次給她洗腳。我把水溫調好之後，叫她把腳放下去，一邊問她是燙了還是冷了，一邊輕輕地用毛巾擦，一邊還問著：「怎麼樣？這樣癢不癢？」

「嗯，像你這樣還差不多，你二姐只曉得用手摸來摸去，癢死人了。」母親回答。得到母親的回答，我就放心了，一邊輕輕地用毛巾擦著母親的腳，一邊和母親說著話。水冷了，再加熱水，就這樣，幫母親洗了半個小時。然後，幫母親換上了乾淨的襪子，穿上了鞋。

姐姐在一邊看了，對母親開玩笑說：「兒子畢竟是兒子哈，要是我給你洗腳，你還有這樣聽話呀？早就大呼小叫地罵起來了！」

「你洗腳就是沒有他小心嘛，」母親笑著說，「他幫我洗腳很當心的，你呀，不管我癢不癢，就是亂來。」

「那好，媽媽，我在家就給你多洗幾次哈，」我笑著說。

誰知，也就在這一天，父親卻突然病倒了！十幾天後，父親離我而去了。在傷痛之中，我忘了自己的諾言。母親也在父親去世後就臥床不起了，直到我要離開的時候，母親才提醒我：「你不是要給我洗腳的嗎？怎麼就走了呢？」

我突然想起了，我曾經的諾言。於是，我把母親抱到了太陽底下，自己打了水來，再一次給母親洗腳。洗完之後，我對母親說：「媽媽，過年的時候我回來再給你洗腳。」

母親點了點頭，說：「嗯，只是不知道我還能不能等到那一天！」

我一下驚了，責怪母親：「媽媽，你怎麼能說這樣的話呢？我已經沒有了爸爸，可不能再沒有媽媽呀！」

母親沉默了。她讓我抱她回床上休息。到了床上後，她把她僅有的一點錢塞給了我：「這點錢你拿去吧，給我的孫子買點什麼。」

我說什麼，母親都要把那點錢給我，說是幾年沒有見著我兒子了，她想著，這點錢是給我兒子的，要我代我兒子收下。我含著淚收下了，然後偷偷地交給了二姐。

回到單位不到一個月的時間內，我給家裡打了幾次電話。每次，二姐都告訴我，母親是一天不如一天了，如果我能早點回家，最好是早點回家。

快過年的時候，我的妻子意外地同意和我一起，帶著兒子，到了我家。

可當我回到家的時候，母親已經連下床也不能下床了。在天氣晴好的日子，我就把母親抱到門口，用被子裹著母親，和她說話，餵她吃飯，給她洗腳。直到後來，母親已經連翻身的力氣也沒有了。大年三十這一天，母親始終要我坐在她的面前。她不時地出著虛汗，我不停地用熱毛巾一遍又一遍地給她擦著，遵照醫生的囑咐，把西洋蔘片碾碎了，用溫水泡開，努力地勸她喝下。中午過後，我們都要去給父親上墳，在我們臨走的時候，母親拉著我的手說：「在你父親的墳前說一聲，讓他早點把我帶走。」

「媽媽，你不能這樣！我們已經沒有爸爸了呀，你要有本事點！」我想流淚，但卻沒有流，因為我希望媽媽能夠堅強起來。

「我已經有本事不起來了，你去吧，對你爸爸說，叫他早點帶我去，」媽媽已經沒有多少力氣說話了。

來到了父親的墳上，我哭了，從來不相信迷信的我，跪在父親的墳前懇求著在陰間的父親，一定要保佑媽媽好起來！親人們啊，你們不能都這樣，一個個地一下都離我而去！我是你們最喜愛的兒子，但從來沒有好好地孝敬過你們，你們不能這樣，連一個讓我報答的機會也沒有呀！

回到家中，我又坐在母親的床前，母親不讓我離開一步。我的哥哥，我的姐姐要來代替我的時候，都被她拒絕了。除了給母親擦汗翻身的時候，我的手一直握著母親的手，不時地和母親說話。因為母親說，她總想瞌睡。我擔心，母親一旦睡著了，就永遠也不會醒了！

母親說她的背部發脹，我就給她按摩著，她的腳發脹，我又給她輕輕地揉。她的腳已經浮腫起來了！我知道這是個不好的兆頭。就這樣，我邊陪著母親說話，邊不時地按她的要求幫她翻身，給她擦汗。按往年的慣例，大年三十這一餐飯是要我來燒的，當姐姐來代替我照看母親，要我去燒飯時，被母親拒絕了。吃大年飯的時候，我端著飯碗，坐在母親的床前，看著母親，卻什麼也吃不下。

電視裡，春節聯歡晚會熱鬧的聲音，充塞著我的耳。在這萬家團聚和歡樂的日子裡，我卻只能拉著奄奄一息的母親的手，默默地向著上帝禱告：把我的母親留下吧！

回答我的，只有那滴答作響的時鐘的聲音。直到快要臨近新年來臨的時候，母親突然想起了我的兒子，她想看看。她似乎已經忘了，這次回家，我已經把我的兒子和妻子全帶來了。我叫我的妻子把兒子帶到她的跟前，讓她看了看，她點了點頭。然後，她突然想起了什麼似的，滿足而堅定地對我說：「你去睡覺吧！」

「不，媽媽，就讓我陪你吧！」我知道，一整天來，母親都不讓我離開她一步。我的哥哥姐姐們來想替換我一下，她也不讓。她是不希望我走開的。

「聽話，你去睡覺！」母親的口氣更加有些堅決起來了，「不然，她又要和你吵架了。」

我知道母親說的她，就是我的妻子。這麼多年來，我的父母太瞭解我的情況了！母親希望我留在她的身邊，特別是在她臨終的時刻。但是，她更希望我能夠家庭安穩！

「我也要睡了，你在我面前，我睡不著，」母親一邊說，一邊作出催我走的手勢。為了不違背母親的心願，我離開了母親的床前，讓兩位姐姐陪著母親。回到了我睡的房間。然而，我怎麼也睡不著，在床上翻來覆去地，時刻是注意著傾聽母親房間裡的每一點動靜。終於，門外，傳來了迎新年的爆竹聲。

新年已經到來了！

一陣猛烈的爆竹聲過後，隨之傳來的就是大姐的一聲驚叫：「媽媽！媽媽！」

我從床上跳起，顧不得穿上衣服，衝進了媽媽的房間。母親已經去世了！但她的眼睛還是睜著的，我輕輕地用手撫上了她的眼睛。

我的眼裡，沒有流下一滴眼淚……

十一、雲村，我回不去的故鄉

父母去世之後，我決定——離開我原來居住的地方，回到浙江杭州去！

為什麼要回到浙江杭州？因為我一直認為自己就是浙江人，而新安江，是我從小就夢裡縈繞的母親河。那個從我小時就一直傳說的雲村，則是我的根。

雖然，雲村不在了，河，也改變了原來的模樣。但我們這些人，卻也依然說著那個地方的方言，習慣著那個地方的習慣。

我們是一群在江西，被江西人稱之為「浙江人」，回到浙江，又被浙江人稱之為「江西老表」的移民。

我是一九六九年十二月從浙江建德壽昌隨著父母和村裡的人一起移民到江西來的。而在這的十年之前，也就是一九五九年的冬天，我父親帶著我的三個哥哥和一個姐姐，隨著村裡的人一起，從浙江淳安遷移到了浙江的建德壽昌，在那裡，二姐和我，前後出生了。

第一次遷徙的原因是，政府要在新安江上修一座大壩，也就是現在的新安江大壩，以用於彌補當時的發電不足。我的老家，浙江省淳安縣太平鄉雲村，就在這座大壩的蓄水範圍之內。所以，我們不得不離開那個已經居住了近一千年的村莊——雲村。

這是一個因多出人才而久負盛名的村莊，以前全村都姓吳。根據《雲峰吳氏宗譜》的記載，南朝後周周世宗顯德二年（西元九五五年）黨公與兄載米數舟自湖州射村到青溪（即現淳安）汪祈村貿易，當地正值荒年，吳黨將米盡散之，眾人感其恩德，以田償還。是以於淳安置立家業。不二年，因汪村之前數里處，有村名石村，因石村與湖州老家射村音名同，遂卜居石村，故黨公為吳氏遷居淳安之始祖。

至黨公六世，登宋朝重和元年王昂榜進士吳誠，生子三，曰璉、曰珏、曰珪。吳璉公派從石村遷至洪塘坂即蕩雲，稱後吳；吳珏公派從石村遷至嶺西杜塘，稱前吳也。

黨公十二世孫吳經，因娶羨陽學錄邵萬一公二女，自杜塘入贅。仁甫公乃經公之子，出生於楊村。三歲而孤，被汪村人一把火燒了他家的房子後，由和義鄉母姨夫項真卿家寄養。長大後，就在那裡置田七百餘畝，創第廿餘楹。又自和義遷底嶺，置田三百餘畝，因地僻，又遷雲村之溪南。因村四周環山，見五色雲繞山頭，故名之曰雲峰，又曰雲林、雲坡、雲村。是為雲村吳氏建業之始祖。

又歷經數百年，雲峰村戶已達上千。雲峰吳氏，已成為一大名門旺族。有民謠稱「三百湯鉢四百灶，還有三百無鍋灶」。說的是雲村有千戶之眾，其中三百戶不事耕作，一日三餐以燉湯鉢為食；四百戶則自有田地，自耕自足，以自家灶燒菜做飯；另三百戶則為官吏者，只食官灶，無須做飯，故「無鍋灶」。

在新安江大壩修建之前，這裏隨處可見矗立的石牌坊、旗杆石和已淪為民居的「官廳」，從它的數量之多和用水磨磚的官廳之高大，依稀可以想像昔日的豪華；村東北約四五十米高的馬鞍大道命名為「下鞍嶺」，據說凡是騎馬經過雲村的大小官員，均須在此下馬步行，由此可見當年雲村地位之顯赫。

而如今，那裡已經成為著名的旅遊勝地——千島湖了。所謂的千島湖，就是修建大壩之後，淹沒了我們這些移民的家園而形成的一個大水庫，那些尚未淹沒的山頭，由就成了水庫之中的一個個島嶼。

一九五九年，我們是怎樣從雲村遷出來的，我不知道。但從小一直聽家裡的人和村裡的老人說起。許多移民，是因為水庫已經開始蓄水，水淹沒到床底下了，才不得不哭泣著，離開自己這居住近千年的家園的。

這次移民，政府根本就沒有先作好充分的準備，並不像現在這樣，有很好的安置。而是既沒有準備足夠的運輸工具幫助被移民的人搬家，又沒有充分準備足夠的住所來安置移民們的居住，就是一個命令下來，說走就得要走，不容得你不走。

因為運輸工具缺乏，政府就提出「多帶新思想，少帶舊傢俱」的口號，要求移民把家裡的傢俱扔掉，或者賣掉。因為沒有足夠的安置房屋，導致移民到了一個地方，卻沒有居住之處，只能暫時寄居在當地人的家裡。當時的這種狀況，原浙江省民政廳的一位官員，叫童禪福的，曾在二〇〇九年寫過一本書，叫《國家行動——新安江大移民》。在這本書裡面，經由採訪當時移民的述說，回憶了那一段新安江移民的悲催歷史。

到了一九六九年，因為又在修建富春江水庫，又需要移民。本來我們這批從淳安來的移民，並不是居住在富春江水庫的蓄水區，是不需要移的，但不知什麼原因，政府還是下令把我們向江西遷移。

這時，正是毛澤東所發動的「文化大革命」時期。對於革命委員會作出的任何命令，百姓是無任何質疑餘地的，只能堅決地服從。

我們，坐在那種鐵皮的，用來運送牲畜的火車車廂裡，從壽昌出發。火車出發之前，只聞哭聲一片。因為我們這些移民中，有許多家庭已經和當地的居民通婚了，這一移民，就導致了許多父母與子女的分離，中國人認為自己的子女就是自己身上掉下來的骨肉，所以把父母與子女的分離這叫骨肉分離。

骨肉分離，對於中國百姓來說，是人生的一大不幸。因為，此一別，不知何年才能相見。所以，大家都哭得很傷心……再加之，又要離開自己已經熟悉的這片土地，也是一件令人傷感的事，所以，那些沒有哭的人，很容易被那些哭的人感染，於是也會跟著一起哭了起來。

這時，我已經四歲了，也不知道這些傷感，只是覺得很好奇。當聽到有人說，火車到金華了的時候，我還拚命要求我父親把那鐵皮窗戶打上推開，讓我看看外面是什麼樣子。

但，這是冬天，我父親不願意讓那寒冷的風吹進來，使全車廂的人受凍。在我的記憶中，當我醒來的時候，已是又一個黑夜。在一個昏暗暗的屋子裡，只有一盞黃黃的油燈，在亮著，父母在忙碌著什麼。我覺得很不舒服，就大哭大叫起來：

「我要回家！」

於是，有一個說著那種我聽不懂話的老太，就來哄我。但是，她越哄，我越哭，雖然，她後來還端出了一小簸箕的花生給我，結果被我一腳蹬到床下去了。

對於那個時候的記憶，我只有片片段段的。但我還記得，不久我們又搬家了，到了另一個村莊的當地人家。搬到的那天，因為家裡沒有灶，所以大人們就在屋簷底下，那高出一截子的土坑上挖出兩個洞：上面一個，下面邊上一個，兩個洞相通後，就用來燒飯了：上面那個洞放鍋，下面邊上的洞則放入柴草。

我和其他幾家移民的小孩們則在門前的空地上跳著，覺得這些很好玩。

可能，正如中國人所說的那樣，故土難離吧。雖然離開了那片故土，可大人們卻經常還會講起老家的那些事，特別是有關於雲村的故事，那是只要一聽說到雲村，就有人會重複地說起那些雲村故事。

所以，從小，我就在夢裡一直縈繞著，那片故土。

我決定，重歸故土！

十二、兒子，跟爸爸去杭州！

重歸故土，這就是我要重回浙江最主要的原因。另一個原因則是，這邊的司法太腐敗了。那些司法人員，只要你有案子在他們的手上，總是會找著各種理由，讓你請他們吃喝，然後再拿些發票，去自己的單位報支——如果不滿足他們的要求，那麼，儘管你的請求是合法的，也不一定就能得到支援。因為我經濟並不富裕，自然很難事事滿足他們的要求，這就難免得罪他們中的一些人了。結果就是，總會受到他們的刁難。

二〇〇三年，我到了杭州，尋找可以接收我的律師事務所。這是我此生中第二次來到杭州。第一次是一九九七年，我考律師資格的那一年，因為我考過試後，陪著多年來一直想回老家看看的父親，回過一次老家。

這次來到杭州，很快找到了可以接收我的律師事務所。當我回來辦手續的時候，結果因為非典（SARS）疫情的爆發，使得我一時無法辦理律師執業的轉省手續。直到第二年，我才得以到杭州來正式執業。二〇〇四年底，我受聘一家建築企業，做他們的法律顧問，這樣，總算有了比較穩定的收入。

二〇〇五年春節之後，我妻子帶著我兒子，也來到了杭州。初到杭州時，因為一時不能找到公辦的小學，只能先到離我上班地點很遠的地方，另一個鎮上的一家民辦小學去暫時就讀。

那時，我兒子才十歲，讀三年級。

我妻子把兒子帶來之後，因為公司並沒有住房，所以只好租房。但當地的百姓有一個很奇怪的習慣：那就是，正房是絕不出租的，說是租給別人會被別人帶走財氣。所以，我們租到的，只能是那種臨時建的，類似於車庫一樣的偏房。沒有床，就借用人家不用的門板架在兩條長凳上，拼起來。

沒有燒飯的地方，更沒有洗澡的地方，住在這樣的地方，只能說是比露天好一些而已。

我們一家三口，就在這樣的地方安家了。

有一次，妻子突然出走了。

兒子放學回來後，只有到公司去找我。

公司的保安因為老闆來了，就不敢讓他進公司的大門。他只好在大門外的馬路上低著頭，漫無目的地往回走。我遠遠地看到了，趕緊把他接了進來。

他問我：「媽媽回來了嗎？」

我說：「媽媽沒回來。」

他就不再說話了。只是回到公司之前安排他到我臨時居住的多人宿舍，說他要做作業。快到吃晚飯的時候，他到了我辦公室。我和他一起進了食堂。排隊的時候，他老是往門外跑，我知道，他是在等媽媽。他希望媽媽能回來和他一起吃飯。但最終，他沒有等到媽媽的歸來。吃飯的時候，他眼睛濕潤潤的，低著頭，忍住沒有流下眼淚，對我說：「爸爸，你買瓶酒喝吧，食堂有酒。」

我說：「爸爸不想喝。」

「你就喝一點吧，食堂不是有酒買嗎？」他又說。

他知道我喜歡喝點酒。在他的眼裡，喝酒是能給我帶來快樂和忘卻痛苦的。

可我不能喝，因為，我還要照顧兒子！

但，我被兒子的舉動感動得想哭。

我不能哭。

吃過飯後，我要兒子和我一起去散步。多少年，我沒有和兒子一起散步了，今天，我突然特別地想和兒子一起走走。他說，他要做作業。我說，散完步再做吧。

他默默地同意了。

散過步回來，我讓他做作業，我去取點東西回來。他懂事地答應了。等我取完東西回到房間，發現兒子一個人在默默地流淚。看到我來，趕緊用衛生紙擦著眼睛。

我的眼睛禁不住澀澀的，他是不想讓我看到他在哭……

「你是不是想媽媽了？」我問。

他點了點頭。

「你要是想，就給她打個電話吧？」

「不打，」兒子倔強地搖搖頭──他的性格犟起來和我一樣。我知道，他真的是想媽媽。晚上，他還要回到原來的屋子裡去睡，他是怕媽媽回來的時候找不到他。我沒有答應，因為，我晚上還要加班，把他一個人扔在那裡我放不下心。他也沒有反對，可是眼裡卻充滿了失望。

我把他帶到公司的宿舍裡，對他說：「你就在這裡做作業吧，作完作業後自己脫了衣服睡覺。爸爸晚上還有事。」

他懂事地點點頭。我離開了，來到了辦公室。當我再次回到房間的時候，他已經睡著了，眼角還掛著淚花。

這是想媽媽的眼淚。

有一次，因為校車太擠，我兒子沒有擠上，他居然背著書包，憑著自己的感覺走了近十多里的路到學校去。晚上回來時，還很得意地跟我們說，今天他走著去了學校。他的得意，把我和妻子嚇了一大跳！要知道，就是連我們大人，也未必能走路找到那個學校，他一個小孩，居然繞那麼多路，走著去了學校——萬一迷了路怎麼辦呢？

從此以後，我就讓妻子必須每天早晨看著他上車，以免再發生這樣的情況。

一個學期過後，我兒子轉到了公辦小學。但公辦小學離住的地方還是很遠，那時也沒有校車。一開始的時候，讓他媽媽每天接送。後來，他自己提出說，給他買一輛自行車，自己騎車去學校。

於是，我們給他買了一輛當時流行的女式自行車。他覺得這樣的自行車是女式的，很不高興。但當他發現，原來他們的班主任老師也騎著和他同樣的車，他又覺得開心起來了——他就騎著這輛車，天天來回於住地和學校，直到有一天，他告訴我們說，車子騎不動了！

我們拿到修車店去，才發現：這真是一輛坑人的車，因為這輛車的車軸，居然沒有滾動軸承！那車軸也已經磨得快斷了！

而他，卻居然騎了兩三年！

在這公辦小學讀書的幾年裡，其中居然有一個學期，他一直沒有吃午飯！這也是他後來告訴我們的，因為，有一次吃飯，居然發現菜裡面有蟲子。於是，他就堅決不吃學校的飯了！——但卻又不願意告訴我們，而是讓自己天天餓一個下午。

十三、我的兒子有點叛逆

到了讀初中的時候，學校的任課老師要求補課。

補課，並不是因為成績不好，才要求學生補的。而是，老師為了賺取學生們的補課費，真正需要教的內容，並不在學校的課堂上講，故意留到補課的時候講——所謂的補課，才是真正的上課。

補課當然不是在學校，而是在老師的家裡，因為在外面怕被人發現舉報。

補課當然是要交錢，但老師卻絕不會說要

讀高中時的吳葛健雄。

交多少錢，而只是對學生們說，隨你們家長的心意，願意交多少就交多少。

兒子回來跟我說了，我說那就每位老師交八百塊吧！於是，我讓兒子給要求補課的老師每人帶上八百塊錢，然後每個週末都讓他自己乘公交，去老師家上課。

有一次，兒子對我說：「我們老師真好玩，在班上居然不點名地說我。」

我問：「說什麼？」

原來，老師嫌我給兒子交的補課費少了——人家都是幾千幾千地交，而我只交了八百元！

「那下次我們就多交一點吧，」我說。

「不交了！我不想補課！」

於是，他就不補課了。後來，他居然也在初中升高中的考試中，取得了還算不錯的成績，考上了第五中學。

上了高中，我也從來不問他在學校的成績，就和初中、小學時一樣，其實我真的不在乎兒子每次考試能考多少分，而是在乎，兒子學習得是不是開心。所以，在高一結束的時候，我也沒有關心過他在學校和班上的排名。只是到了高二，我和妻子在蘇州玩，有一天，突然接到兒子的電話：

「老爸，你想辦法把我弄回理科班來吧！」

我當時一聽，覺得很奇怪，他怎麼跑到文科班去讀書了呢？

後來才知道，高二分班時，他居然自己要求去文科班。於是，學校就根據他的要求把他分到了文科班。然而，他最特長和喜歡的是數學、物理、化學。至於當初為什麼要去文科班，他自己也始終沒有和我說過，直到現在。我想，大概是因為他想學法律，而認為法律屬於文科類，所以就報了文科班。但到了文科班後，成績一直不理想。

後來他對我說：「想不到文科班的那些人，那麼會讀書。」

接到他的電話，我就從蘇州往回趕。到了學校，找了教務處。教務處的領導表示，現在都開學一個多月了，班早就排好了，再改回來，有點難！

在我的再三請求下，一位領導終於鬆口了，說是要查成績，看看理科成績好不好。

結果，他一查，驚訝的對我說：你們家長不管的嗎？他理科成績這麼好，怎麼會讓他報文科班呢？

我只好說，分班的事，我壓根不知道。

老師也只有苦笑了，說：「沒有像你這樣當家長的。」

最終，他答應讓我兒子轉到理科班，但前提是得有哪個班的班主任老師願意接收我兒子。

原來，我兒子在那些班主任老師眼中，是有名的搗蛋分子。說是在高一的時候，居然會帶動全班的同學造反，很有煽動能力。所有的班主任老師一聽到吳葛健雄的名字，都會感到頭大！

想不到，我兒子居然還有這麼大的煽動力！

正當我以為無望時，終於，有一位姓童的班主任老師願意接收他了。教務處的領導對我們說：「童老師要求你們去見個面。」

我真的是有些喜出望外！於是立即帶著兒子去找到了那位童老師。

童老師是位女性。見了面之後，她提出一個要求：要求我兒子期末考試能達到全年級前八十名。

他們年級大概有近千名學生。

我問兒子：你能達到嗎？

「能達到，」他回答說。

「你要說到做到的哈！」我嚴厲地對他說。

「嗯，」他應了一聲。

期末的時候，他的考試成績是全年級前四十名。

於是，他成了他們學校的一個奇蹟。

雖然他讀著理科，依然喜歡讀些與理科不相干的東西，比如：《資本論》。

高考之後，他又報讀了法學專業。

大學期間，他留起了長頭髮，而且還在校園裡倒賣法律書籍，也去街頭散發過廣告傳單。每次見面，我也不和他談成績之類的，只是有一次，我問他：「現在大學有獎學金，怎麼沒聽說過你拿獎學金呢？」

「因為我不想學毛概，」他想也沒想直接地回答了我。

毛概，就是毛澤東思想概論，這是每個大學生都必須學的一門政治洗腦課。

有一個暑假，正好北京的程海律師不服被停止執業一年的處罰，提起行政訴訟，要求袁裕來律師和我代理，一審開庭前，我就帶著兒子去，想讓他參與旁聽。同時主要是想讓他去見見一些著名的學者和律師。

到達北京的第二天，由程海律師開車，到通州去見了于建嶸教授。于教授還帶著我們上街去喝啤酒，吃燒烤。送給我兒子一本他自己寫的書《我的父親是流氓》。

第二天上午開庭的時候，戒備森嚴。由於只能是當事人和代理律師進去，其他的人一律不能進入法院，我兒子就被攔在了門外。在法庭，我質問審判長，為什麼公開審理的案件，卻不允許民眾旁聽？經過我的努力，審判長終於答應，下午她親自到法院門口，去把我兒子接進來。

終於，下午開庭的時候，我兒子進了法庭。

這是我第一次帶他出門，當然，也是目前為止唯一的一次。

大學畢業了，考慮他的就業問題。

當然首先考慮讓他先參加法律職業的資格考試。但第一次考試，失敗了。於是，又讓他參加了第二次。當時我並不知道，其實他並不喜歡律師這個行業，但為了服從我的要求，參加了。這種被要求參加的考試，難免就懈怠了。

又沒通過。

既然如此，我又無權，也無勢，當然也更不想去花錢去請客送禮，所以也就沒有辦法給兒子安排一個好的單位了。正好，程淵之前對我說過，他那裡需要人，於是，我就決定讓他去程淵那裡，先做一年公益活動再說。

於是，他自己背著行囊，就去了長沙。

十四、我的兒子，失蹤了！

我認識程淵，是在一次公益人士組織的晚宴上。這次晚宴，是採取AA制的方式的。我之所以會參加這次晚宴，是因為王成律師——他現在已經不是律師了，因為很多年前，江西新餘鋼鐵廠的劉萍女士要求參加當地人大代表的選舉，後來被追究刑事責任，王成律師是她辯護律師。當然，參與這類案件的辯護，本身就是一種危險之舉。正如許多人權律師參與人權案件的辯護或者代理一樣，這是很為當權者所忌恨的。後來王成自己又參加杭州市濱江區的人大代表選舉活

「長沙公益仨」案件被告之一程淵，曾任中國非政府組織深圳平機、長沙富能負責人，2013年與吳有水律師合作申請社會撫養費信息公開。

動……當然，是被認定為沒有候選人資格的——儘管憲法規定，只要年滿十八歲，有十個推薦人就有被選舉的資格，但實際操作中，卻並不是這樣，而是要經過資格審查的。

我在蕭山區執業，王成在濱江區執業，兩區相鄰。但我們是如何認識的，我卻真的想不起來了。

總之，有一天，突然接到了王成律師的一個電話，他邀請我參加一個晚宴，說是有許多做公益的朋友也會參加。那時，我也正是區婦聯成立的志願者組織成員，在婦聯的幫助下，自己也分別在老家，也就是淳安縣、建德市開展一些一對一的兒童幫扶活動。也正想認識一些別的志願工作者，向他們學習一下，他們是如何開展志工活動的。所以，接到王成的電話，我就參加了。

宴會快結束時，一個瘦瘦的，皮膚有些黑黑的、理著近乎於光頭髮型的男子，站出來自我介紹說，他叫程淵，是民間公益組織的，他們的機構名稱叫什麼「平」，或者「機」的，希望大家能幫忙提供公益專案：為慈善機構提供免費公益服務。於是，他開始一桌一桌地徵求起意見來。

到我們這一桌的時候，我說，可以試著做一下社會撫養費信息公開。

「什麼？」他似乎沒聽明白。

「社會撫養費信息公開！」我再次對他說。

這次，他聽明白了，嘀咕了一句：

「這是什麼玩意？」

是的，這個名稱很高、大、上，一般的中國人，都不知道。

於是，我換了個大家都能聽懂的詞：

「就是超生罰款。」

「哦！」這下，他明白了，「這個，可以做！」

多少年後，我和程淵還在互相開著玩笑埋怨說：「被你拉上了賊船！」他的意思是，被我拉上了反計劃生育的這條賊船。我的意思則是，我被他拉上了公益活動的這條賊船。

徵收社會撫養費資訊公開，就這樣，我在程淵他們協助之下發起了。

在社會撫養費資訊公開活動告一段落後，我和程淵他們又共同努力為取消超生小孩上戶口的限制、上學與社會撫養費繳納掛鉤等問題開展了一系列的努力。最終，基本解決了超生小孩的戶口問題和上學問題。之後，又共同為失獨父母的問題而努力過。為失獨父母爭取醫療、生活等方面的權益。（編按：「失獨父母」是指因遵行中國計劃生育政策，僅生育一名子女，但子女離世，無法再生育或收養子女的夫妻。）

我知道程淵他們一直是在從事公益事業的。曾經參與了為乙肝（B型肝炎）患者爭取平等的就業權，促使國家修改了相關的規定，在各種招、考中不再把乙肝病毒帶原者列入禁止招、考的範圍。也為視弱（視覺障礙）人士爭取參加高考或司法資格考試努力過，同時又為因身高不能任聘為教師的歧視現象而發起過公益訴訟活動。

我兒子他們主要從事的活動就是幫助一些殘障人士和愛滋病患者獲得更多的權利保障，比如平等的就業權等。他們還組織了一些殘障人士到杭州來參觀杭州的障礙者保障設施，體驗杭州市無障礙設施的完備性。一位從來沒有出過家門的南昌人士在參觀體驗後，感慨地說：以前她對於逛街出門，想都不敢想。這次到了杭州後，從下火車到逛西湖，完全可以一個人獨立完成，讓她充滿了勇氣，感覺完全可以不需要別的人幫助，自己獨立生活了。

我始終認為，做這方面的公益，是有益於社會的穩定，有益於公眾利益的，對我們的這個國家，也是有利的。

所以，我一直支援我兒子所從事這方面的公益活動，只要他們需要，我也會參加一些他們所組織的活動。

但是，怎麼也想不到，他們的這些公益活動，最終卻變成了「犯罪」行為！

二〇一九年七月廿二日，太湖邊。

這次來到無錫，是為我的一位好友，網名叫鄧大狗的，因為寫文章抨擊地方政府的腐敗、官員的墮落，被公安機關以「尋釁滋事」的名義抓捕了。我本是他的辯護人，但當地公安機關卻一直威脅他，說請我為他辯護，只會被判得更重，因為，我也是他們隨時準備抓捕的人。如果他不解除對我的委託，只會出現我也被抓捕，他也會被判得更重的這麼一個結果。所以，如果他解除了對我的委託，他則可能隨時可以被解除羈押，重歸自由。

為了保護我，他解除了對我的委託。此時，我跟朋友們商量，是否給他聘用一位公安機關不敢輕易亂來的律師。

正好，中國政法大學法學院的副院長，何兵教授到無錫辦案，於是，我與何兵教授聯繫之後，驅車到了無錫，和他商量，看是否能請他為鄧大狗辯護。

我和朋友一起，與何兵教授吃過晚飯後，回到房間。

我的手機響了。

一個不知名的電話打進來，告訴我：吳葛健雄失聯了！

接到這個電話的當時，我並不覺得恐慌，因為打心裡我壓根就不相信這個資訊是真的。但是，為了保險起見，我還是立即打電話給程淵，求證信息的真實性。結果，程淵的電話始終無法打通。我知道，可能他也失聯了！再打其他人的電話，其他人也聯繫不上！我再回撥剛才打給我電話的那個人，那個人告訴我說：程淵和他的同事，都失聯了！

一陣恐懼開始向我襲來。

十五、是誰，綁架了我的兒子？

第二天，我一回到我的辦公室，就開始向長沙市一一〇（警方報案專線）報案！打了無數個一一〇的電話，從市到區，但一直都沒有個結果，也沒有哪個單位說立案去查。

七月廿四日，我趕到長沙，在長沙羅律師的陪同下，到了當地派出所，又到了區公安局。區公安局有人暗示我們：能抓人的辦案單位不只是他們公安。

长沙市国家安全局

拘 留 通 知 书

长国安拘通字〔2019〕第 1 号

吴有水：

根据《中华人民共和国刑事诉讼法》第八十二条之规定，我局于2019年7月22日15时对涉嫌颠覆国家政权罪的吴葛健雄刑事拘留，现羁押在湖南省国家安全厅看守所。

二〇一九年七月二十三日

此联交被拘留人家属

我又回到派出所，堅決要求報案。做完筆錄後，派出所的人讓我去查我兒子辦公地方的攝像。

羅律師把我送到我兒子辦公的地方，經過努力，物業公司終於同意我查看錄像。查了近兩個小時的時候，突然有人進來，不讓我再繼續查看了。我說我是經過物業公司經理同意的。但那個人堅決說不行，辦事人員也就把我查看的電腦關了。我回到物業公司，去跟他們交涉，其中一位工作人員說現在不能查了，還張嘴用無聲的嘴型告訴我，人是被國安（國家安全單位）抓了！

當我離開物業公司的時候，旁邊屋子裡，站滿了一堆穿著制服的警察。

「長沙公益仨」，左起吳葛健雄、程淵、劉大志（又名劉永澤）。

這時，我的手機響了，對方告訴我，他們是長沙市國家安全局，讓我手機保持暢通，到時會有人聯繫我。

於是，我一直保持著手機開機。第二天，一個電話進來說，他們是長沙市國家安全局，讓我告訴他們郵寄位址，他們會將一份重要的文件寄給我。

幾天後，我收到了這份文件：長沙市國家安全局《拘留通知書》！

刑事拘留，是中國大陸刑事偵查部門辦理刑事案件的一種強制措施。雖然，《中華人民共和國憲法》規定「任何公民，非經人民檢察院批准或者決定或者人民法院決定，並由公安機關執行，不受逮捕。」但是根據《中華人民共和國刑事訴訟法》的規定「對於現行犯或者重大嫌疑分子」「可以先行拘留」。辦案機關有權力把他們認為是有犯罪嫌疑的人，不經逮捕而先行羈押七至三十七天。

收到國長沙市國家安全局郵寄給我的這份《拘留通知書》，看到上面說我兒子涉嫌顛覆國家政權罪後，說實在的，我確實很驚訝。

無論如何，我無法接受，他們抓捕我兒子的理由，居然是這個罪名！

所謂顛覆國家政權罪，根據刑法的規定，是指「組織、策劃、實施顛覆國家政權、推翻社會主義制度」。這個罪名，是從以前的「反革命罪」拆解而來。原本只有企圖組織、策劃、實施以暴力手段推翻國家政權的才構成此罪，如果是非暴力手段則不構成此罪。然而，在中國，並不僅限使用暴力手段，凡是一切想推翻黨的領導、推翻社會主義制度的語言和行為，都構成此罪。暴力手段，只是其中的一個加重情節。

但無論如何，構成此罪，前提是，必須得有「組織、策劃、實施」的行為。

根據法律的規定，我兒子和程淵他們的行為，並不構成此罪。

有人質問我：你知道你兒子幹了什麼嗎？

我知道，我當然知道。

我不僅知道，而且還是參與者。

我這麼說，並不是為了為我兒子辯護，而是確實知道，並參與過他們的一些活動。長沙市國家安全局也知道我知道程淵和我兒子他們做了哪些事，所以還為此傳喚了我，甚至還威脅說我是他們的共同犯，可以對我採取手段（即刑事拘留）。

程淵是我的朋友，我的兒子又在他的組織下從事公益活動，如果他們的活動可能會涉嫌犯罪的話，我會第一個站出來阻止程淵。因為，我不能讓我的兒子跟著面臨危險！

那麼，我兒子和程淵他們既然只是做公益，長沙市國家安全局為什麼會以涉嫌顛覆國家政權罪的名義抓捕他們呢？

這個，也是我的疑問。

其實，程淵他們做公益，而且只是做公益。

程淵屬於 NGO 成員。NGO，是英文 Non-Governmental Organization 的縮寫，意思是非政府組織或者叫志願者組織。是指非官方成立的從事公益活動的非營利性民間機構。

中國之前並沒有對這類組織進行限制，只是到了二〇一六年，才制定了《中華人民共和國境外非政府組織境內活動管理法》，此法到了二〇一七年又進行了修訂。目的是為了對中國大陸之外（包括港、澳、台）成立的非政府組織在中國境內的活動進行管控。該法規定：「國家對為中國公益事業發展做出突出貢獻的境外非政府組織給予表彰」。

根據上述法律，我國並不禁止，甚至是鼓勵境外 NGO 在中國大陸從事公益活動的。程淵他們不是境外 NGO 組織，他們只是在長沙成立了一家公司，經工商登記註冊後，以公司名義開展公益活動。

他們的資金，來源於境外。但這種資金來源於境外，據我所知，並不只限於某一家境外 NGO 組織，而是他們通過國際投標的方式來取得資金的。比如：從事防治愛滋病公益，是向防治愛滋病公益的基金會投標，得標後才能獲取補助。從事障礙人士維權的資金，也是通過投標的方式，從其他的基金會取得。所以，他們並不是固定地為某一個境外 NGO 組織服務，或者代理某一家特定的境外 NGO 組織。

他們的活動，在中國大陸是公開的，而不是秘密的。正因為是公開的活動，所以經常會受到有些單位的干擾。

有一次，程淵他們準備在杭州開展一次活動，結果訂好了賓館之後，因為某部門出面干涉，導致賓館又解除了合同。有一次由我參與組織的浙江省失獨家庭意願了解會議，目的主要是通過向各地的失獨父母瞭解他們有哪些困難和需要，然後記錄下來，向相應的政府有關部門發出請求或者向政府有關部門提供報告，要求政府有關部門予以解決。

但是，這次會議中途就受到了干擾。事先訂好的會議室，突然不准使用了。於是，我們只好臨時找了一家咖啡廳，進行了半天的徵詢活動。

民間組織從事活動，受到類似的干擾，是一種常見的現象。這有點像我當年做社會撫養費徵收情況調查和為爭取超生兒的戶籍權利時，也曾被地方政府跟蹤、驅逐、追趕一樣。

根據《境外非政府組織境內活動管理法》，境外非政府組織在中國境內開展活動，應當接受公安機關的監督管理。所以，程淵在長沙設立的辦公地點，是長沙公安的國保（政治警察）經常光顧監督的地方。國保人員經常上門「噓寒問暖」，或者找工作人員去喝喝茶，談談話，了解他們的一切。

在當地國保人員如此的關切下，他們又如何能顛覆起國家政權呢？

我絕不會相信程淵和我兒子他們的行為會構成犯罪。

所以，我準備好了一切委託辯護手續，決定自己親自為我的兒子辯護！

十六、我善良的兒子，善良是一種犯罪！

在長沙，根據朋友的推薦，我又委託了湖南源美律師事務所的丁敏律師，作為我兒子的另一個辯護人。

之所以還要在長沙另委託一名辯護人，是出於隨時可以與辦案單位溝通聯繫，也是隨時可以根據案件的進展需要，進行會見的方便。

這天，和程淵妻子施明磊的辯護律師龐琨一起吃了晚飯。施明磊因為從自己的金融卡上，轉匯了一些錢給程淵，也被辦案機關以顛覆國家政權罪的名義列為犯罪嫌疑人。但因小孩沒有人照顧，所以暫時沒有

警方竟以「涉嫌煽動顛覆」名義對程淵的太太施明磊實施「監視居住」長達半年，理由僅僅是她曾將銀行存款轉帳給自己的丈夫。

把她拘捕，而只是對她監視居住六個月。施明磊的銀行帳戶也在第二天被凍結了，後來聽她說她被強制審訊了二十多個小時，期間還被戴了黑頭套和手銬。

談到施明磊因轉匯款項給自己的丈夫而被列為共同犯罪時，我和龐琨律師都覺得有些不可思議。施明磊一直在商業公司上班，是做互聯網運營的，從未參與過程淵的公益工作，更不要說顛覆國家政權了。我們的辦案人員真是太偉大了，他們總是會超出常識地「創造性執法」，繪寫出中國法治的傳奇。

可事情確實就是這樣！

第二天，施明磊的另一位辯護律師常伯陽來也到了長沙。我和他一起約好了在辦案單位的門口見。

到了辦案單位的門口，通過電話和辦案人員進行了聯繫。在門衛處等了一段時間後，終於出來一位辦案人員。

這位辦案人員自己介紹姓林，叫林聖新還是什麼的，名字不是很清楚。先是讓常伯陽律師進去，要等辦案人員和他先交流完後，我才能進去。

在門衛室等待期間，我透過窗戶向外張望著這個既沒有門牌號碼，也不掛單位牌子，甚至連百度搜索和百度地圖都無法查找到的神秘的辦案單位。不禁想起了兒子之前的有關事情。

吳葛健雄大學畢業到了長沙後，居然很喜歡這種公益活動。為此，也很少回家。甚至有一次在杭州帶著一些身障人士開展活動的時候，我問他：「你不回家看看嗎？」他回答說：「沒時間，我要陪著他們。」

他們，就是他和程淵組織來杭州的那些身障人士。

那個時候，天氣很冷，他冷得瑟瑟發抖，我也居然不知道給他買一件衣服——這孩子，自己沒有學會照顧自己，他也不知道跑到街上去給自己買一件。

想起他喜歡公益活動，這可能真的是天生的。

在他很小的時候，有人撿了一隻小鳥，是那種毛也沒有長出來，光肉肉的那種。我就把牠要過來，天天餵養。弄些小蟲子什麼的給牠吃。慢慢的，這小鳥兒也有些懂事了，只要看到我過來，它就張著大嘴，喳喳向著我叫。

我把這隻小鳥帶回家，讓我妻子去養。一方面是因為我沒那麼多時間，另一方面也是想讓我兒子有個玩伴的。不幸的是，一段時間之後，這小鳥居然病死了。小鳥死後，我兒子一直不讓我們把牠丟掉。他總說：「牠只是睡著了，還會醒過來的。」後來，趁著他去幼稚園了，才把牠埋了。他回來之後，為此哭了半天，說：

「我還不知道，就是你們把牠埋了！」

實在沒辦法，想起之前，妻子在挖菜地的時候，他總會把自己吃的一種小孩零食，叫華華丹的，埋在地裡，說是以後會長出好多的華華丹。

於是，我們告訴他：不是埋了，只種在地裡了，明年，就會長出好多好多的小鳥。聽了這話，他半信半疑，但終究是不那麼傷心了。

來到杭州後，在小學，也會組織一些培養小孩商業能力的活動，也就是學生們都會從家裡拿些東西，到校園裡賣，大概是讓小孩從小學會交易吧。

我兒子也把家裡那些他之前看過的動畫影片光碟，搜索出來，厚厚地一疊，放在書包裡背著去了學校。

晚上回來的時候，我問他：那些東西賣掉沒有？

他得意地說，他的東西最跑火，一塊錢一張，一下就賣掉了。

「賣了多少錢？」我問。

「賣了二十塊錢，」他說。

「錢呢？」我問。

「全部捐掉了，老師說，還有許多邊遠地方貧困的同學，連飯都沒有吃，希望大家把賣東西得來的錢，捐一點給他們。於是，我就全部捐了，放在那個捐款的小木箱裡，」我兒子說。

於是，我好好地表揚了他一通。

高中的時候，家裡每周都會給他一點零花錢。有一次，他告訴我，他身上沒錢了。原來，他在放學回家的時候，路上遇到一個人，對他說：是從外地來打工的，現在工作也找不到，想回家，身上又沒錢，想向他借買一張回去車票的錢。並且還掏出身份證給他看，證明他確實是外地人。

於是，我兒子把身上的錢全掏出來，專門陪著這個人跑到汽車站，為他買了一張回家的車票。

其實，這樣的事情，有一段時間在小區門口經常會遇到，但大多數是騙子。我也遇到過，也給過錢，或五十或一百的。

兒子做這樣的事，我們並不責怪他，但告訴他，這個人可能只是一個騙子，如果下次還遇到，小心一點。人可以上點當，但不能因此而喪失自己最基本的同情心。

一到春節的時候，就會有許多買不到車票的人，就睡在地下過道裡過夜。

杭州的冬天，有時會特別的冷。地下過道裡的風，經常會讓他們冷得瑟瑟發抖。

有一次，我兒子看到了，就問我怎麼才能幫助他們。我說，給錢，我們沒有那麼多，就做點力所能及的吧。冬天的過道裡很冷，特別是夜裡。我從家裡撿了些舊大衣什麼的東西，讓他送給那些需要的人。

結果，轉了一圈，一樣也沒送出去，說是過道的那些人，一個也不見了。

據說，那些人，都被城管清理乾淨了……

在大學的時候，有一個暑假，因為要帶回家的東西比較多，我就開車去接他。他居然抱起一隻小貓，還拿起什麼貓糧、貓砂，讓我們一起帶回家。

到家之後，我問他，怎麼在學校還養起貓來了呢？

他告訴我，這是一隻瞎眼貓生的小貓。一次他在從食堂回宿舍的路上，大家圍觀這隻瞎眼貓生的一群小貓的時候，他也去圍觀了。想不到，這隻瞎了眼的貓媽媽，竟然把自己的小孩往他身邊推，意思大概是希望有人領養牠的小孩。於是，他就抱一隻回宿舍來養了。這隻小貓咪就成了全宿舍的寵物。現在放暑假了，得把貓帶回家。

於是，這隻小貓咪就來到我家了。正好我家還養了一隻名叫「小醜」的蘇格蘭牧羊犬，大概因為這隻小貓特別受寵的緣故，時不時就在比牠個體大得多的狗狗面前充起老大來。蘇牧小醜，也特別地慣著牠，任由牠把自己的尾巴和耳朵當成玩具。

開學時，我兒子又把這隻貓咪抱回了學校。

人的善良與正義，大概是天生的，否則，我無法解釋我兒子這種善良的性格是如何形成的。

十七、兒子，我為你辯護！

常伯陽律師出來了，林警官讓我和他一起進入他們的辦公區域。我有些激動，因為，終於可以得到一點有關兒子的信息了！我會得到什麼樣的資訊呢？從這位貌似很和善的林警官的嘴裡？

在林警官的引領下，我進入了辦公區。先把我隨身帶著包和手機都放在一個窗口的窗台上，然後引領著我進了一個會議室。

會議室已經架設好了攝像機。攝像機的鏡頭正對著我坐的地方。作了簡單的寒暄之後，林警官就對我說：「吳葛健雄想委託你作為他的辯護人，你願意嗎？」

「願意，肯定願意！」我立即回答，「我連委託手續都準備好帶來了！」說完，就把早就準備好的一整套辯護手續交給了林警官。

可以想像，我兒子在被捕的那一刻，是多麼的驚恐！畢竟，他不過二十多歲，從校園走向社會才正好兩年。或許他自己也無論如何想不到，自己居然會突然被捕。在他

浙江碧剑律师事务所函

（2019）浙碧［刑］辩字第[illegible]号

长沙市国家安全局：

你局侦查的吴葛健雄涉嫌颠覆国家政权罪一案，现在 葛红 已委托本所吴有水律师为在侦查阶段的辩护律师，特此通知。

浙江碧剑律师事务所（章）

二〇一九年七月二十六日

附：授权委托书 1 份

相关法律文书请寄至：

浙江碧剑律师事务所：杭州市萧山区金城路 185 号商会大厦 13 楼 1306 室，邮政编码：311201。联系电话：83717007

吳有水律師依法完成為兒子擔任辯護人的所有手續：家屬委託書和律師事務所致辦案機關公函。

被捕的那一刻，他首先想到的，當然就是我，他做律師的爸爸能為他辯護！

他也許以為，我這個做了數十年律師的爸爸，在關鍵的時刻肯定能救他一把！因為，在他的心目中，我就是他唯一可靠的救星！

會談過程中，林警官一再強調，他很為難。因為我是吳葛健雄的父親，所以他不能跟我談很多，如果只是律師，他就可以按法律的規定和我談——意思是我是他的父親，所以好多東西就不能談了。

我最關心的，不是什麼案情。因為所謂的案情，無非就是我兒子和程淵他們做了些什麼。至於做這些公益為什麼會構成犯罪，只要想想這些年來的許多公益人士都被以不同的罪名被拘捕和起訴，很多原因，其實是不言而喻的了。

林警官告訴我，吳葛健雄在看守所過得很好，他們都是一個人一個房間單獨關押！一個人一個房間單獨關押——聽上去，似乎是一種很好的待遇！

但是，這是看守所！是一個與世隔絕的地方，沒有打開的窗戶讓你可以看外面的風景，也更不可能打開門來，在你覺得煩悶的時候，可以出來走走。就是讓你一個人，獨自坐在一個徒空四壁、黑黑的小屋子裡，百無聊賴地聽著自己的呼吸聲。

這讓我想起了兩個字：禁閉！

在看守所或者監獄，對違規犯人才會採取這樣的嚴厲懲罰措施，它就叫關禁閉，也叫關小黑屋子。但一般也只是關幾天，很少會超過半個月的。而我兒子和程淵他們，卻一直要這樣關到判決後移送到監獄去的那一天！

我認為，這就是一種酷刑！而且是長久的酷刑！

我的朋友們啊，你們可以自已想像一下，沒有手機、沒有電腦、沒有任何可獲得外界資訊的管道，也沒有任何人可以交流，也沒有任何事情讓你可做——把你單獨關押在一個黑乎乎的小屋子裡，讓你與外面的世界完完全全地隔絕，這將會是怎樣的一種感受？

人在這樣的環境下，真的是會瘋的！

必須得讓我兒子在監室裡有事可做！這是我當時的第一想法。

於是，我提出給我兒子送些書進去。

林警官回答：不行！

連法律類書籍也不行嗎？我問。

不行！得到的還是這樣的回答。

那麼諸如《資本論》、馬恩列毛的著作呢？我不甘心地再問。因為馬列原著是我在大學的必修課，所以在我大學讀書的時候，有一家書店，以賣廢紙的價格，賣各類馬列經典。我買了一整套的精裝版的馬恩列的原著，似乎還有一套英文版的毛澤東選集。

我想，這樣的書，在堅持馬克思主義列寧思想的國度，應當是許可的。

回答還是不行！

林警官的這些回答，確實，當時讓我有些抓狂。我知道的，人在孤獨寂寞的時候，最渴望的就是有事可做。但是林警官的回答，阻斷了我的一切幻想！

最後，林警官告訴我：他們每天都有人民日報讀。

好吧，有人民日報讀也行——這說明，至少在白天，屋子裡，還是有亮光的。

然後，我又詢問起有關會見的事。

林警官告訴我，會見是需要經過他們批准的。但又很確切地告訴我說：想會見，必須提出申請，然後經過他們的批准，不過，一般他們是不會批准的。

意思就是說，會見，是不可能的。

那麼通信總是可以的吧？我又問。畢竟，中國的刑事訴訟法只是規定，涉及這類案件，律師會見當事人必須經辦案單位許可。但沒有說通信、通話也必須經辦案單位許可。

林警官回答說：通信必須經過他們的審查，他們認為可以，才得以送到我兒子手上。

我說，這也行。因為，只要有我了隻字片語能送到我兒子的手上，對我兒子來說，就是一個重大的安慰！

談話結束了。

我和常伯陽律師一起到以前就認識，也在一起喝過酒，還互相掐過架的文東海律師後那裡去吃飯。（編按：「律師後」指因辦理敏感案件被當局吊銷執業證的人權律師。）

文東海律師，在我那年被律師協會調查的時候，也給我提供過幫助。當然，我兒子吳葛健雄也與他相識。這時，他已經不是律師了，因為被吊了證，於是開了一家法律諮詢公司，聊以謀生。

文東海律師的妻兒們也在，大家一起吃午飯，喝酒，聊天。他的兩個小孩才幾歲，天真、活潑、可愛。想不到，這是我第一次見到她們，或許此生可能是最後一次見到她們了。因為，為了逃脫抓捕，她們娘兒仨，在此後不久就借道日本，逃亡去了美國。

下午，找到了關押我兒子的湖南省國家安全廳看守所，為我兒子送去秋衣。

雖然，這還是夏天，天依然是那麼的火一般火熱——但這種火熱，不正說明，秋天就快要到來了嗎？

十八、兒子你牛，會顛覆國家政權了

我一回到杭州之後，立即開始著手寫會見申請，權把無望，當著一種有望——哪怕無望，我也應當堅持。

為了我兒子，也是為了更多人的兒子！

這是我給我兒子寫的第一封信：

健雄：

今天是你被刑事拘留的第十二天了。

爸爸在得知你被拘留之後，兩次趕到了長沙，也知道你已經與辦案人員說明委託我作為你的辯護律師，但因你所涉嫌的案件為顛覆國家政權罪，所以與你會見必須經過辦案單位的許可。目前，辦案單位尚未許可我與你會見。

根據《中華人民共和國刑事訴訟法》第三十七第第一款的規定，我應當是可以與你通信的，此事我也跟辦案的林警官溝通過，不知道他們是否會依法辦案，所以，這封信能否能到達你的手中，也只能看辦案單位能不能依法處理了。

我已經在長沙也為你聘請了一位律師，主要是方便有事隨時聯繫。如果可以會見後，我會隨時去長沙會見你的，辯護意見到時面談。

家中一切尚好，你媽媽身體也很健康，只是有時有些掛念你，希望你能早點出來。律師所的情況也比往年好多了，所裡的阿姨們也都掛念著你呢，這一切你都放心。

人生沒有後悔的事，希望這次的事件，對你是一次考驗，要學會自己照顧自己，千萬不要流眼淚，堅強些，出來以後，你一定會更加地成熟的。

你的老爸

二〇一九年八月四日

這封信簽上名後，與會見的申請書一併通過 EMS 郵寄給了林警官。

後來，我又以辯護律師的身份向長沙市人民檢察院發了一份《不批准逮捕法律意見書》

內容如下：

請求對吳葛健雄涉嫌顛覆國家政權罪一案

不要批准逮捕的法律意見書

長沙市人民檢察院：

浙江碧劍律師事務所根據《中華人民共和國刑事訴訟法》第三十三條第一款、三十四條第一款及《中華人民共和國律師法》第二十八條之規定，接受涉嫌顛覆國家政權罪嫌疑人吳葛健雄之母親的委託，指派本人作為吳葛健雄的辯護律師。現根據《刑事訴訟法》第八十八條第二款的規定，提出以下意見：

本人認為，根據《中華人民共和國刑法》第一百零五條的規定，所謂的「顛覆國家政權」，應當是「組織、策劃、實施顛覆國家政權、推翻社會主義制度」。從行為上，應當有「組織、策劃、實施」的行為，從目的上應當是為了「顛覆國家政權、推翻社會主義制度」。但是，就本人所瞭解的，嫌犯們所從事的，僅僅只是社會公益活動，如對殘障人士進行自強、自立的培訓及從法律層面幫助殘障人士爭取平等的權利。這種公益性的行為，並不為我國的法律所禁止，更不可能危害到國家政權的穩定。恰恰相反，他們的行為，在某種程度上，是有利社會的穩定的。

他們或許也有參與過一些諸如因被司法行政部門處罰而停止執業、吊銷律師執業證的律師們進行座談，目的在為這些被停止執業、吊銷律師執業證的律師在停止執業期間或在被吊銷律師執業證之後，尋找生活的出路，這也是對這些被停止執業或被吊銷律師執業證的「失業律師」們的一種精神上的安慰，雖然起不了實質性的作用，但在總體上，也是有利於社會的穩定的。

但是，他們的這些明明是有利於社會穩定的工作，卻被辦案單位認定為是一種危害國家安全的「顛覆國家政權」的行為，這實在是很難以讓人理解。如果說他們所從事一些對社會有利的工作，就危害了國家的安全，就是「顛覆國家政權」的行為，那麼豈不是說我們的國家政權，是與社會利益相衝突的？這樣的邏輯思維，豈不是在侮辱我們的社會制度，豈不是在侮辱我們國家的政權？

如果說他們從事公益活動的目的，就是為了「顛覆國家政權、推翻社會主義制度」，那麼，這也需要有證據來證明的，而不能僅從事情的表面，如他們是一個非政府性的民間公益組織，雖然只經過工商登記，而未向民政部門進行社會團體登記。但這並不能否定他們是一個公益性機構的性質，更不可能就成了「顛覆國家政權」的犯罪團夥。除非查獲了所謂的「章程」之類的物品，足以能證明他們從事社會公益活動的目的，就是為了「顛覆國家政權、推翻社會主義制度」，否則，何以能證明他們涉嫌「顛覆國家政權」罪呢？

退一步講，即使根據有關單位的推斷，這些人內心是想「顛覆國家政權」，但就不需要他們已經把他們的想法付諸實施了，比如「組織、策劃、實施」這方面的證據嗎？

至於資金的來源等問題，至少我國在法律層面，沒有立法禁止外來資金進入大陸從事公益性活動——如果僅以部份資金可能來源於境外，就認定他們的活動是「組織、策劃、實施顛覆國家政權、推翻社會主義制度」，那麼，我國境內的外資企業、團體，是否都應當要予以驅逐出境、或者把所有的參與人員都以「顛覆國家政權罪」的名義抓起來呢？難道，外來資金以營利為目的經營行為，就是合法的，而不以營利為目的的公益行為，就是犯罪？這豈不是有些荒唐呢？

這樣的案子，你們能批准逮捕嗎？你們會批准逮捕嗎？

也許，你們內心覺得不能，但會。

一個國家政權的穩定，不是靠製造理由來恐嚇民眾，而是要順應民心民意，解決困難群眾的困難，而不是自己不去解決，卻去解決那些解決問題的人——或者，把解決問題的人當成敵人來解決，把有不同意見的人，逼成反對派。

或許，此案的背後，有某個別領導的意圖，但是，某個別領導可靠嗎？

想文革之時，江青、張春橋、姚文元、王洪文等，哪個不是身位顯赫？

想當年重慶之時，薄熙來又是如何地顯赫？

還有周永康等、令計劃等輩，豈是一般領導可以比擬？

劉少奇身為國家主席，林彪身為國家副主席，毛澤東的接班人，結局又是如何的呢？

難道，你們真的認為，為這個社會做點公益，就是一種犯罪嗎？

我絕不相信中國，是一個沒有未來的國度！正如，我相信，你們還是有良知的一樣！

辯護人：吳有水

浙江碧劍律師事務所律師

二〇一九年八月十五日

我期望的良知，並沒有出現。

二〇一九年八月廿六日，長沙市人民檢察院作出了逮捕決定，長沙市國家安全局向我郵寄送達了《逮捕通知書》！

收到逮捕通知書後，我知道，我的兒子，吳葛健雄，這回是在劫難逃了！

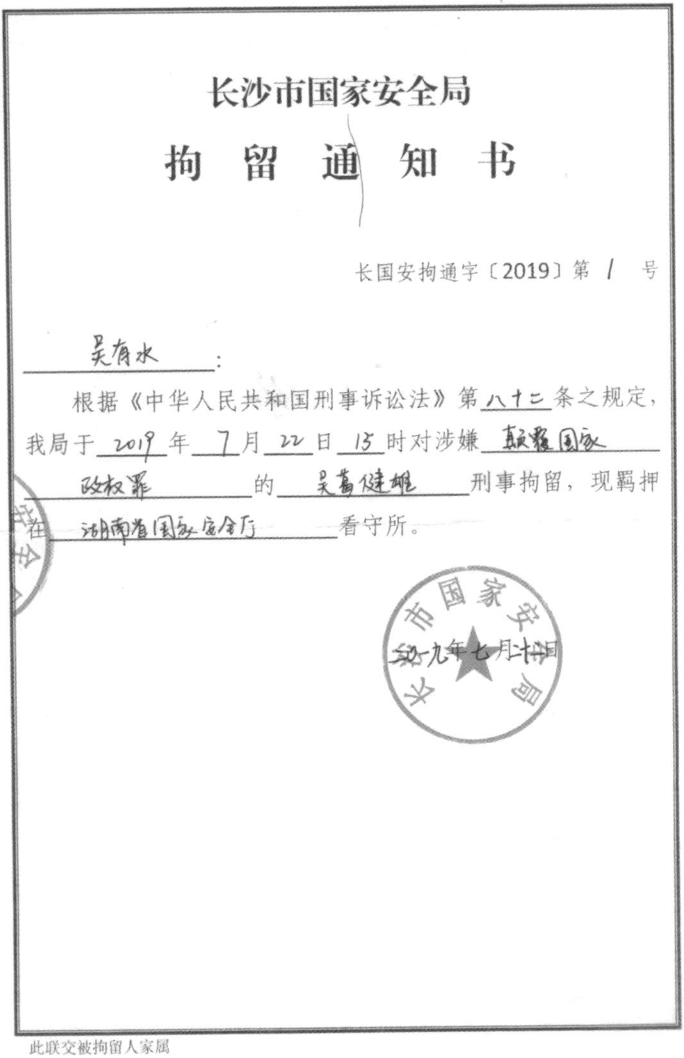

长沙市国家安全局

拘 留 通 知 书

长国安拘通字〔2019〕第 1 号

吴有水：

根据《中华人民共和国刑事诉讼法》第八十二条之规定，我局于2019年7月22日15时对涉嫌颠覆国家政权罪的吴葛健雄刑事拘留，现羁押在湖南省国家安全厅看守所。

长沙市国家安全局

二〇一九年七月二十[illegible]日

此联交被拘留人家属

正式收到逮捕通知書，吳有水律師心想「我的兒子，這回是在劫難逃了！」

所謂的逮捕，根據中國刑事訴訟法律的規定，至少是「有證據證明有犯罪事實」了。如果達不到這個基本要求，一般檢察機關是不得批准逮捕的。批准逮捕之後，才算是偵查活動正式開始。

那麼，長沙市國家安全局掌握了什麼樣的「證據」能證明我兒子有「顛覆國家政權」的行為呢？

但我依然有決心，為我兒子作出最好的辯護。

雖然，我不是專業從事刑事訴訟，但畢竟，我也沒有脫離過刑事訴訟案件。每年都會受理一兩起上訪民眾的案件——這些案件，幾乎全部都被控「尋釁滋事」。

無論是代理行政訴訟案件，或者受理刑事辯護案件，我都不喜歡高調宣傳。因為這類案件相對都比較敏感，如果引起有關部門高度注意的話，必須會給代理活動或者辯護活動帶來不必要的麻煩。

為了保護我及其他幾個律師不被途中被強迫解除委託，我要求其他幾位律師也一定要盡可能地低調。

這種低調，就是：盡可能地不對案件發聲，盡可能地避免辦案人員和單位的牴觸情緒，盡可能地不要為辦案單位提供強制解除我們辯護的任何一點藉口。

我努力地做，甚至有時覺得自己對辦案單位有些到了卑躬屈膝的地步了——我想用我的尊嚴，來換取我為兒子辯護的權利。

在被逮捕之前，我們提出會見申請，答覆說是要等到被逮捕之後。逮捕之後，我又提出會見申請，另一位律師丁敏也提出了申請。程淵的辯護律師、劉大志的辯護律師，也都提出過會見申請。

但是，會見的要求，依然沒有被允許。我給我兒子的幾次寫信，也沒有一次被允許送到我兒子手裡。

此時，我知道，我現在所做的一切努力，都是徒勞無望的。

好吧，那麼等吧，等到了審查起訴階段，你們總沒有理由阻止我和我的兒子會見了吧？

於是，我等待著。

在這等待的日子裡，我才感覺到了什麼叫度日如年。

我天天掰著手指，盼望著這偵查階段的兩個月快點過去。好不容易熬過了兩個月，到了十月廿六日，趕緊打電話詢問，案件是否已經移送到檢察院去審查起訴了。結果，聽到的答覆是：延長偵查期限一個月！

延長一個月，這意味著我又得再等一個月了。

好吧，再等一個月，那就再熬一個月！

十一月廿六日到了，再打電話去詢問。這回我開始有點要崩潰了！

電話那頭告訴我：再次延長偵查期限兩個月！

這意味著，要到二〇二〇年一月廿五日偵查期限才結束！而那個時候，正好是春節長假的開始。

春節期間是不會讓你會見的，我知道。因為，很少有哪個看守所，會在節假日期間對律師開放會見。這意味著，最早，也要到春節假期過後，也就是二〇二〇年的二月一日了！

我決定，春節一過，就立即前往長沙！

十九、突出重圍：我要見我的兒子！

這一年的春節，過得特別冷。

一月廿三日凌晨，武漢宣布全市城市公交、地鐵、輪渡、長途客運暫停運營。同一天，浙江省在全國率先宣布啟動重大公共突發衛生事件一級回應。

但疫情究竟有多嚴重，卻沒有任何的消息。只是要求大家盡量不要出門，即使要出門，也要戴上口罩。

一月廿四日，農曆的大年三十。

兒子不在家，只有我和妻子兩個有些孤苦伶仃地過年。

雖然，我也買了好些菜，裝出一個要過年的樣子。

可是，我一點做菜的心情也沒有。讓買來的菜，靜靜地躺在冰箱裡。大年三十的晚上，我和我妻子，只吃些中午剩下來的菜和飯。

誰也不提兒子的事。

怕，傷心。

大年初一，待在家裡，哪都沒有出去，繼續過著有什麼吃什麼的日子。但我已經開始籌劃會見兒子的準備了！因為，初二就是一月廿五日，如果不是春節的話，兒子的案子，延長偵查期限也到了，應當移送到檢察院去審查起訴了。這也意味著，經過漫長時間的等待，我終於可以和兒子見面了！

想到終於可以見到兒子了，心裡居然還引起了一些小小的激動。設計著，見到了兒子，第一句話，我該怎麼講？想像著，兒子，還是原來的那個樣子嗎？是否還是留著長長的頭髮，還是被強迫理成了光頭？

各種的想像，在我的頭腦裡翻湧著。一想到馬上能見到兒子，有些欣喜，但一想到兒子小小的年紀，大學畢業才兩年，就身陷囹圄，又有些悲。

在這樣的悲喜交集中，我就這樣，過著這個春節。

初二一早，就出去購買口罩。

因為，政府要求，出門一定要戴口罩。但家裡連一個口罩也沒有，年前，誰也想不到，疫情會突如其來，真的讓很多人防不勝防。

大街上，空蕩蕩的，幾乎是空無一人。這是從來沒有過的，本來應當是熱鬧的春節，居然變得如此的清淨，讓人感覺是如此的淒涼。

可是，所有的商店的門，都關著。藥店，也不例外。走了好幾家，都是一樣。我只好回家，考慮著，去哪弄口罩？否則，便連門也出不成了！

下午，我準備去一趟辦公室。每年，一到新年，我都會去我的辦公室默默地坐上一天，回想過去的一年，策劃著新的一年。

大街上空蕩蕩的，往來的車輛也似乎都已經消失。公交車因為疫情，也減少了車次。我決定邊走，邊等公交。另一方面，也抱著僥倖的心理，沿街看看，有沒有藥店開門，好買些口罩。

走過兩三個公交車站，終於看到一個角落裡，有一家不起眼的藥店開門了。趕緊走進去，問有沒有口罩賣。

幸好，那時大家還沒有想到要搶購口罩。這家店，還有剩餘的口罩在出售。於是，我買了幾十個，帶回辦公室，準備去長沙的時候用。

到了辦公樓，除了沒有什麼人之外，似乎並沒有什麼兩樣。

於是，接連的幾天裡，我都待在辦公室裡，準備著一切會見的手續。

有一天，來了幾個人，說是社區和街道的工作人員。見到我，就詢問我們什麼時候上班。

我回答：根據政府的安排。

「是市政府的，還是國家的安排？」他們問。

我覺得有些奇怪，難道市政府和國家鬧分家了？

後來他們告訴我，今年因為疫情，什麼時候上班，一定要聽市政府的。

我隨口應承著，想不到，這將是有史以來，一個最長的春節開始了！

疫情的風聲越來越緊，網上到處傳來封城、城村、封道的消息。

鐵路客運停了，省際的公交也停了，甚至連市內的公共交通也要停運。

杭州也開始陸續關閉一些高速公路的出口。

我感覺，如果我再不去長沙，估計馬上就要出不去了。馬上打電話給辦案單位，詢問他們什麼時候上班。在確認了法定的春節假期一到後，就會上班。我就要求接電話的值班人員，轉告林聖新警官，我會在他們一上班就過去，要求與他見面。

時間一到，我立即一個人驅車，向長沙奔去。

我怎麼也想不到，這一去，不僅沒能會見上我兒子，還差點就有去無回！

從杭州開車到長沙，全長大概九百來公里，開車要十多個小時。

上了高速後，一路上，也幾乎沒有什麼車輛，有幾個高速公路的出口已經關閉了。進入杭新景高速後，更是一路無人了。

我打開定速巡航，以一百廿公里的限速，孤獨而略有些悲愴地行駛著。

路上，我再次給辦案單位打了個電話，讓值班人員轉告林聖新警官，我已經出發了。

之後，把車上的多媒體打開，找到了佛教音樂的資料夾，點開。

雖然我是基督徒，在一九八九年的那個冬季，正式受洗。但我依然喜歡聽一些佛教音樂，特別是在心情煩躁的時候，聽一些佛經音樂，多少能讓自己的心情慢慢地平靜下來。

可是，這次，就連佛經，也沒有辦法讓我平靜下來。

十多個小時的車程，為了讓自己不至於那麼疲累，我決定分兩次走。這個決定，最後證明是正確的。因為此時的長沙，賓館都已經全部關門，不再接待客人。如果我直接開到長沙的話，可能只能落在長沙的街頭，蹚在車裡過上一夜。

所以，過了一大半路程之後，我就下了高速公路，在朋友家住了一夜，第二天一早，就又向長沙出發。

進入湖南境內之後，接到一個電話，是林警官打來的。他問我，是否已經到了長沙。

我告訴他，估計中午可以到達長沙。

他告訴我說，到了就給他打電話，因為他們的領導想和我談一談。

我答應了，本來這次去就是想找他們談一談的，只要能瞭解到我兒子的情況，哪怕只有一丁點兒的資訊，也是我所渴望的。於是，約好了下午兩點，在辦案單位的門口見。

他們的領導，會和我談什麼呢？我想。

到了長沙，已經是中午十二點多了，肚子也不覺得一點餓。但一想到下午還要談事，我決定無論如何先吃點東西再說。

開著車，繞著長沙市政府轉了一圈，卻沒有發現一家飯店是開業的。

此時的長沙，已經和全國許多城市一樣了，所有的工、商、服務行業，都進入了全面停業狀態。

幸好，我的包裡，還有幾包鍋巴，車上也還有瓶裝水。就喝著瓶裝水，啃著鍋巴。吃過之後，深深地吸了幾口氣，調整一下心態——因為，我還必須得裝出一幅笑臉來和他們相見。

雖然，我的內心是苦楚的，但我必須表現得輕鬆、而且還是有點卑躬屈膝的樣子。為了兒子的自由，自己所謂的尊嚴已經顯得不那麼重要。

中午一點，開車到了辦案單位。我直接開車進了大門，然後轉向停車他們內部的停車場，把車停在停車場門口的欄杆前。

保安跑過來問我幹什麼的，我告訴他，是他們的領導找我談話，讓他打電話給林聖新警官證實。

保安也沒打電話，抬開欄杆，直接讓我進去了。

停好車，打電話給林聖新警官，告訴他，我到了。他回答說：好的，稍等一下，他先跟領導彙報一下。

我躺在車裡，搖下車窗，點燃了一支煙，心裡突然特別地平靜起來。

如同一潭死水般地平靜……

快到一點卅分的時候，林警官打電話給我了，他問我在哪。我說我在車上，馬上過來。下了車，林警官已經在保安室門口接我。

和以前一樣，掏出手機，擺在那個窗口台上。然後，在他的引導下進入了之前我進過的那間會議室。

一進室內，我就感覺到，這次的氣氛非同尋常！

我依舊坐在上次來時坐過的那個位置上。我的對面，是一位年紀不是很大的警官，他的右邊，坐著一位更年輕的警官。這位年輕的警官面前，有電腦、有印表機。這兩位都擺著一幅似乎我「欠他們米，還他們糠」似的臉色。用我老家的土話說，就是一幅買棺材的臉。

林警官依舊是那麼和善的樣子，又是給我倒茶，又是給我遞煙的。倒完茶、遞完煙後，到那位警官的左邊坐下。

會議桌的一端，還有一位，頭上不長毛的。穿著便服，戴著口罩，也不靠桌來坐，而是背靠著牆，目無表情地在那裡坐著。

我想，這就是林警官所說的那位要找我談話的領導了。可是，他幹嘛不坐上來，坐到我的對面呢？我想。

我不在乎他們的表情和態度，我急於要知道的是：案件有沒有移送到檢察院審查起訴？

林警官回答我：又延長了偵查期限兩個月！

我強力地掩飾住自己內心的憤怒。我想，如果我手裡有一支槍，或許，真的會對著他們開火。

可惜，我沒有。

「什麼理由呢？」我問。

「這是經過上級批准的，」我對面的警官用敵對的眼光看著我，說。

他說完，就開始用那種審訊犯人的口吻對我宣布，將對我依法進行傳喚。

二十、「你必須認罪」——我成了兒子的同案犯

他們說，我是程淵和我兒子一案的知情者和涉案人員，根據法律的規定，他們依法對我進行傳喚。要求我老實地配合他們的調查，如實地交待問題。

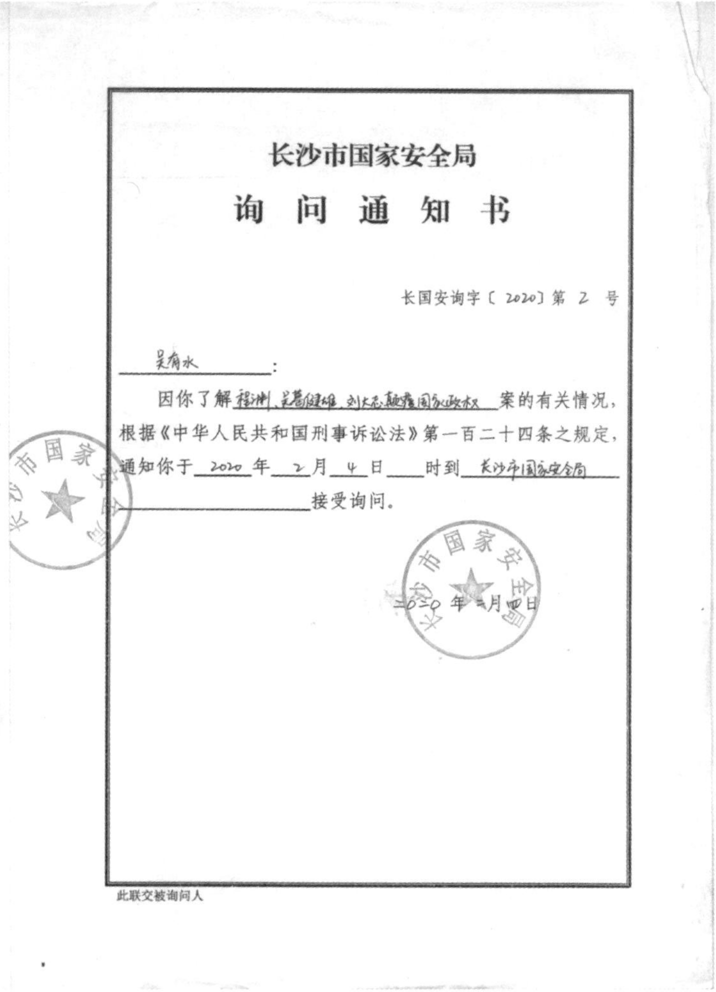

长沙市国家安全局

询 问 通 知 书

长国安询字〔2020〕第 2 号

吴有水：

因你了解程渊、吴葛健雄、刘大志颠覆国家政权案的有关情况，根据《中华人民共和国刑事诉讼法》第一百二十四条之规定，通知你于 2020 年 2 月 4 日 ____ 时到长沙市国家安全局接受询问。

2020 年 二月 四 日

此联交被询问人

吳有水律師接到詢問通知書，終於有機會前往長沙了解案件進展，哪知差點有去無回！

然後，向我出示了詢問通知書，讓我在上面簽字。

一開始，我拒絕簽字，冷笑了一聲，說，有什麼問題，你就問吧！

他們也沒有堅持，就開始裝腔作勢地審問我起來。

「你的姓名、年齡、家庭住址？如實地交待出來。」

他的這個口氣，一下把我激怒了：你們連我叫什麼名字都不知道，還找我談什麼東西？

「態度放老實點！如實交待！」他訓斥我道。

我掏出身份證，扔給他們：你們自己看吧。

第一次僵持開始了！

他們要我自己說，但我堅決不說。

僵持不下的時候，林警官出來打圓場了！以他們自己看我的身份證進行記錄。

當他們問起和我程淵的關係，是如何深度參與程淵他們的活動時，我開始主動滔滔不絕起來：

程淵是一位 NGO 成員，他們的機構，叫平機。

為什麼叫平機？平機，就是「平等機會」的意思。就是要讓每一位公民，都有平等的機會，參與就業權，與其他公民平等地享有作為一國公民應有的權利。這也就是我國憲法上所說的「人人平等」。

我說：他們曾經和其它機構一起，為中國數億的乙肝患者，爭取了平等的就業機會，也曾經和我一起，曾通過資訊公開等方式促使社會撫養費信息的公開透明；在全國許多有志之士的努力下，為中國達一千三百萬的因超生等原因而無法取得戶籍的人爭取到了應有的上戶、上學的權利；為全國數百萬的失獨父母爭取國家的必要的幫助；為減緩中國人口老年化，促進和加快了「全面二孩」（編按：全國每對夫妻都允許生育第二胎）的開放；使得全國數以千萬計的婦女，免於被強制結紮的可能。

這一切，包括新華社、中央電視台、人民日報等黨媒在內的全國主流媒體都有公開的報導，也正是在他們的積極配合和幫助下，和全國有志之士共同努力的結果。事實證明，程淵和我所做的這些事，都是有利於我們這個國家，有利於這個民族，有利於全國人民的。難道，做這些事，在你們的眼裡，就是一種犯罪嗎？

他們找我，當然不是要想聽我說這些。所以，他們打斷了我的話，直截了當地問：

「你老實交待，你收了程淵他們多少錢？」

「錢？什麼錢？」他們這個問題，多少有點讓我意外，因為我和程淵，交往多年，從來就沒有發生什麼經濟上的來往，「我沒收過他們一分錢。」

「你這麼拚命幫他們做事，難道不要活動經費的嗎？」他們問。

「什麼幫程淵做事？這些事，都是我自己要求做的，程淵是被我拉下水的，在這之前，程淵根本就不知道什麼是社會撫養費！也從沒做過涉及計劃生育的事。提到錢的問題，就是當初申請社會撫養費信息公開，那些申請函的郵寄費全部是程淵他們出的——因為是他組織人幫我郵寄的。我收了他們什麼錢？」

「真的沒有收他們的錢嗎？你這樣不老實對你沒有好處！我們可是有充分的證據證明你收了他很多錢，現在是給你一個坦白交待的機會，你自己不把握這個機會，過了就沒這個機會了！」坐在我前面的那人嚴厲地說。

「沒有！」我再次回答說。

「你相信不相信，你再不老實，我們現在就可以對你上手段？」

「就是沒有！」我堅定地回答。

無論坐在我對面的人還是那位記錄的小子怎麼審問，我還是告訴他們，沒有。

這時，林警官開口說話了：

「吳律師，你這樣做就沒意思了，事實就是事實，你應當配合我們的工作，如實交待。你交待了，對你也有好處。」

「不存在的事情，讓我如何交待？難道你們就是非要我按照你們編的說，才算是我老實交待？你們不是有證據嗎？把證據拿出來看呀！」

又僵持不下了。

這時，一直靠牆坐著不說話的那位站起來，走了過來，拿起桌上的一疊資材，在桌上用力一摔，說：

「證據我們有的是！就在這裡！就看你是不是老實交待！你再不交待，我們可以用現有的證據證明你是這個案件的深度參與人，是共同犯，隨時可以給你採取措施！」

「隨你們怎麼來，反正，不存在的事實，我是決不會承認的！」

面對這個的威脅，我強調說。

「那就準備給他採取措施吧！」那頭上不長毛的便衣說。

「採取措施」，這是業內語言，即採取刑事訴訟法上所說的強制措施。給我採取措施，也就是說要當場刑事拘留我。

一聽到這話，我沉默了。

我第一時間想到的是：我的車子怎麼辦？想什麼辦法讓我妻子來開回去？然後，委託哪位律師來作為我的辯護人比較合適？

他們都死死地盯著我看……

會議室裡，頓時寂靜了下來。

此時的我，內心真的很平靜。

坐在那裡，靜靜地看著我眼前的這幾個人，微笑著，就等他們拿出刑事拘留證，讓我在上面簽字。

我始終認為，我兒子的此次遭難，都是因為我這個父親，沒有能盡到一個做父親的責任——這不僅僅是因為我，沒有能給他找個好工作，或者，我當初為什麼不把他留在我自己的律師事務所，然後慢慢讓他去通過自己的努力，取得法律職業資格？更主要的是，我認為，之所以我兒子會被以這樣的罪名被課罪，因為我們這整個一代人，都沒有盡到一個做父親的責任。

當自己的小孩連為這個社會做點公益也會被當成犯罪的時候，試問哪一個男人，有資格做孩子的父親？

所以，如果我真的被抓了，在我的內心，反而會得到一種解脫。也算是，對我兒子被捕的一種贖罪。

正是這樣的想法，所以讓我在聽說要對我採取措施時，反而顯得特別的平靜，甚至還有點小小的期待。就指望著他們把拘留證放到我的面前，然後，我英雄般地在上面瀟灑地簽上我的大名，伸出雙手，讓他們把我銬上。

他們並沒有這樣做，而是打破了沉默，拿出了所謂的證據繼續對我進行審訊。這時，我才知道，他們所謂的證據，只不過是下面這些：

一是我參加程淵他們組織的活動時，報過來去的機票錢；

二是，我因言論「危害國家安全」被停止執業十個月期間，在百無聊賴之中，為我兒子他們設立的微信公眾號《萌動律心》寫了一些文章，當時每篇文章給我的報酬是二百元。

這，就是他們所說我收到程淵活動經費的證據！

這些，我全認了！幹嘛不認呢？來去機票錢，是我自己先掏出來的錢，然後給我報銷，也算是我收取「活動經費」？至於寫文章的報酬，那也應當算是我應得的吧！那些文章都是公開的，文章的內容有什麼問題嗎？沒有！在經過因言論而「危害國家安全」，又是被律協停止會員資格，又是被司法行政機關停止執業後，我寫東西已經變得「膽小如鼠」了，更何況還在停業處罰期間，所以只能寫些無關痛癢的東西，騙些茶水錢，總不至於這也算是犯罪吧？

這些問完之後，他們又從我父親開始談起，說父親當年如何因帶頭反抗強制移民（其實是他們弄錯了，應當是退出農業合作社），我母親又怎麼樣，我和我妻子感情又怎麼樣怎麼樣，我和我兒子的感情怎麼樣。

這，已經是純屬家庭隱私範圍的東西了。

過去快四個小時了，這一場審訊終於接近了尾聲。他們幾個人低頭側耳地討論了一番，我能清晰地聽到了其中幾個字：「基本一致」。

然後，結束了訊問，讓我在列印好的筆錄上簽字按手印。

我拒絕了！我說，這有關乎一個律師的尊嚴。他們再怎麼威脅，我堅決不簽字，對那份筆錄看也不看。不是有同步錄音錄像嗎？幹嘛還要簽字畫押？

又是僵持好久。

終於，他們再也沒有堅持。只是讓我在他們列印出來的那些文章中，讓我簽字確認哪些是我所寫的。

這一切都完成後，那位穿便衣的領導終於正式坐到我的對面，開始和我談話。

首先是說，他們如何同情我兒子，如何善待我的兒子，如何在我兒子過生日的時候，還把他帶出看守所，專門為他買了生日蛋糕。在過年的時候，又把他帶出看守所，給他吃餃子，我兒子又是如何感動得哭了等等、等等。

最後，話題一轉：「我們找你，主要是想你勸一下吳葛健雄，讓他認罪認罰。吳葛健雄本人呢，也有這個意思。認罪認罰了，可以盡量地減輕處罰，你做律師的，是懂的，這個罪可以判多少年。我們也是為他好，因為考慮他還年輕。」

我終於明白了，這才是他們此次找我談話的主要目的所在！就是要我對我兒子進行勸降。

「我連案卷材料都沒有看到，你們所說的證據確鑿，我也不知道確鑿到什麼樣的程度。如果我看了證據材料後，得出結論我兒子的行為確實構成犯罪，作為父親的我，當然比誰都想讓他取得一個從寬處罰的結果。但我連什麼證據都沒有看到，我怎麼去勸我兒子認罪認罰呢？」

「打死我，我也不相信我兒子和程淵他們會『顛覆國家政權』的，一個國家的政權，哪裡就憑他們那幾個人就能『顛覆』了？」

那位做筆錄的小子立即插嘴到：「虧你還是個律師呢，怎麼連這點都不懂？顛覆國家政權罪，是行為犯，不是結果犯，只要你有這個行為就構成。」

我笑了，心裡想，如果是結果犯，那你小子還能坐在這裡對我狐假虎威嗎？

於是，斜撇了他一眼，說：「你還是去翻翻刑法書吧，顛覆國家政權罪，是行為犯，但需要有『組織、策劃、實施』的行為！他們有組織嗎？組織了哪些人？如果沒有組織，那麼又何來策劃？他們策劃誰去？沒有策劃，又何來實施？所謂的行為犯，是必須要有行為才構成，如果連行為都沒有，又何以構成犯罪？」

見我堅決不願意去勸兒子投降，他們也就作了罷。

下午六點快到的時候，這一場交鋒，終於結束了。

二十一、我家，有反革命的基因？

林聖新警官送我出來。因為天色已晚，在長沙市內已經沒有可住宿吃飯的地方，且各地封路的風聲越來越以，我必須得抓緊時間往回趕。

於是我把妻子讓我帶來的許多給兒子的東西，衣服棉被、浴巾、擦腳布之類的，請求林警官代我把東西交給我兒子。林警官說，這些東西裡面都有，沒必要送，也可能送不進去。

「送不進去，那就扔了吧，」我說。

「有事就給我打電話，」臨走前，林聖新警官這麼對我說。

「一定會，」說完，我開車離開了辦案單位。

天已經很黑了！或許，冬天的這個時候，天本來就應當這麼黑的，更或許，在我的內心，總感覺，長沙的天，比世界上的任何一個角落，都要黑！

大街的兩邊，已經亮起了街燈。行人和車輛很少，彷彿進入了一個荒涼的無人城市。偶爾見到路邊，有一兩個警察，像木偶似的，在十字路口站著。

上了高速，我打開了車燈，撥到了遠光的位置。

我一邊開車，一邊回想著下午的一切。

想不到，這次他們會提起了我已經去世了快二十年的父親。

我的父親，在世時，一向寡言少語。小時候，他從來不會命令我們做什麼，怎麼做，而都是他自己一個人埋著頭，悶著聲做。脾氣很好，鮮見他發火發怒。即使我們做錯了什麼，也很少會訓斥我們，也從來不埋怨我們。但我們兄弟姐妹幾個，都很敬畏他。

每到夏天，農忙的雙搶季節，他的背，總是會曬得一層又一層地脫皮，然後就變得黝黑黝黑，就像掛上牆上久經熏烤的臘肉皮一樣。

如果不是他們這次提起我父親的事，我都幾乎已經忘卻了。

我父親的心中，有一塊深深的傷痛。這個傷痛，是任何人都提不得的。這塊傷痛就是，所謂的「反革命份子」這個身份。

在我小的時候，有一次不知為什麼，我堂哥罵我父親，說：「你這個反革命！」我父親聽了，突然怒起，抄起一把鋤頭，就朝著我堂哥的腦袋劈頭砸去！幸好，旁邊的人及時拉住了，否則，我堂哥的腦袋，當場就會開花。

所謂的「反革命」，從字面上看，其實就是反對共產黨領導，反對社會主義制度。所以，「反革命分子」，也就是被官方認定反對共產黨的領導、反對社會主義制度的人。中國一九七九年制定的《刑法》中，還有專門的反革命罪的條款，到了一九九七年修改刑法的時候，這個罪名就改成了「顛覆國家政權罪」和「煽動顛覆國家政權罪」了。

我父親的「反革命分子」身份，要從上個世紀說起。

那是在上個世紀五十年代末，六十年代初的那場毛澤東發動的「大躍進」運動，導致了中國發生了一場驚世矚目的大饑荒。這場大饑荒，最終導致了至少有三千多萬的中國百姓餓死。我最大的哥哥（似乎還有一兩個姐姐），就是在這場大饑荒中餓死的。在這場大饑荒中，我父親為了不至於讓他的子女全都餓死，就辭掉了工作，回家帶頭要求退出農業合作社，搞單幹。儘管，但他的這個舉動，事後證明是完全正確的。因為，一九六二年，當時的國家主席劉少奇，就開始糾正大躍進期間所出現的錯誤，提出了「三自一包」的政策，使當時的局面有了很大的改善，結束了這場空前災難。後來鄧小平改革開放的農業政策也就是自此而來。但在當時，顯然是大逆不道的，這是一種公然的宣戰行為。

所以，在後來的運動中，就是因為這一次退社，我父親差一點就被打成反革命份子，或者說已經被打成反革命了，估計是當時「反革命」的指標不夠，所以沒有正式戴上這頂帽子，所受到的壓迫沒有別人那麼嚴重。但這也導致了我父親始終處於一種被批鬥的邊緣。我的大哥，後來參軍的時候，就有人舉報到部隊，說父親是反革命。於是，我大哥似乎就因此服役期還沒到，就被提前退伍回家了。

「反革命份子」這個身份的陰影，或許已經深深地成為了我父親內心的一個傷痛。想不到，現在我兒子，也成了「反革命」（顛覆國家政權罪這個罪名即從以前的反革命罪中分解而來）！按下午那些領導的說法，意思是我兒子是受到了我父親的影響。

我父親去世時，我兒子才七歲！

如果受影響，也應當是受我的影響才對。

但是，這方面我影響過我兒子嗎？我深信沒有。因為，在家裡，我從不談政治，也不談國事。只是我兒子有時看到了有關我的新聞，會對我說：

「老爸，我發現你越來越像公知了！」

「公知不好嗎，」我會回答道，然後就不再將這個話題繼續下去。

在教育小孩方面，我似乎繼承了我父親的傳統，那就是，從來不會要求小孩做什麼，怎麼做。我只是會對他說，你自己的事情，自己可以決定——但是，你也要對自己作出的決定，對自己負責。

在兒子被捕之後，許多人都說，我兒子是因為受了我的影響，才會走到今天的這一步的——甚至包括我的家人也有這麼說。但我始終不認為我兒子是因為受了我的影響。

雖然，在一九八九年那個春夏之交，因同情學生，我也差點成為「反革命」，甚至受到通緝和追捕。幸好，當時我教書所在的學校，還是保護了我。雖然被追捕，我卻還依然能上我的課。只是後來，學校不准我教授政治課程了。而這，正是我所求之不得的。

直到鄧小平南巡講話後，對我的通緝才得以解除。

或許就在一九九七年那一年，我在一次宴請時，遇到了時任我們那縣公安局政委的曾某，他對我說，他就是當年負責抓捕我的小組組長。

我當時問：當年如果被你抓住了，你們會怎麼樣？

他笑著說，最多就是說服教育一下。

我當時也只是一笑。因為我心裡知道，當年如果被抓了，至少也得判上個兩到三年——罪名就是反革命罪！我的一位朋友，現在已經到美國經商了，當年他似乎是浙江大學高自聯的秘書長什麼的，被抓之後，就以反革命罪的罪名被判了兩年半還是三年。

如果我當年被抓，罪刑只會比他更重，而不會更輕。

因為我的這次活動，差一點累及了我兒子讀書。

我兒子小學畢業之後，需要將戶口轉到杭州，才能在杭州讀初中。而因為我上面所說的原因，差點就無法轉入。因為蕭山區政府人事部門就我轉戶口的事，向區公安局國保大隊發函，要求調查我之前的情況。

調查的結果是，我屬於「三種人」之列。所謂的「三種人」，就是指「六四動亂份子」、「法輪功成員」，還有一種是什麼，我忘記了。（編按：第三種是「文革中的造反派」。）

而杭州，對這「三種人」是不允許轉入戶口的。

之前，我從來不知道，自己居然是屬於什麼「三種人」。

後來只好通過關係，讓戶口轉出地的國保部門出具了我已經「從良」的證明，又讓單位把我申報為「急需引進人才」，才得以將戶口的問題解決。

二〇一七年，我又因「不當言論」，被杭州市律師協會停止我律師協會的會員資格九個月；二〇一八年，杭州市司法局又以我的言論「危害國家安全」，停止我律師執業九個月的行政部份處罰。想想，這「危害國家安全」，也就是以前的「反革命罪」

的行為之一了！

我心裡默默地想：人家有紅色革命基因傳承，難道，我家有「反革命」的基因在傳承？

我又對下午談話的內容，在頭腦中進行了分析，並得出了如下結論：

首先，我兒子沒有認罪——所謂的他想認罪認罰，那都是一種誤導我的企圖。如果兒子真的認罪認罰了的話，還需要我這個父親去做認罪認罰的勸降工作嗎？

其次，辦案單位，並沒有查到他們所謂的犯罪證據！至少，證據是不確鑿的。否則，經過了兩次延長偵查期限之後，為什麼還要再來延長兩個月呢？

第三，我之前的判斷是正確的，我兒子和程淵他們並沒有真正涉嫌犯罪！正如我所知道的那樣，他們只是從事了我所知道的那些公益活動！

這個結論的得出，是基於他們私下討論時所說的內容「基本一致」。他們所說的內容「基本一致」，顯然指的是我所陳述的事實，和我兒子及程淵他們所供述的，或者他們所掌握的事實基本一致！

這次延長偵查期限，已經是第三次了！根據《中華人民共和國刑事訴訟法》的規定，這也是最後一次。這一次期限到了，他們就再也找不到延長偵查期限的法律依據和事實依據了，最終，只能移送到檢察機關去審查起訴。

案子只要到了檢察機關，我就可以與我兒子會見，就可以去檢察機關查閱案卷材料，就可以解開一個始終團在我心中的謎團：他們究竟為什麼抓我兒子和程淵他們！

我的車，在黑夜中行進著。雖然沒有吃過晚飯，可我卻一點沒有感覺到餓。我所面臨的真正問題，開始困擾著我：我該去哪裡？

雖然，導航的終點是家。而我，此時似乎已經根本無法到達這個終點了！

我得到的消息是，杭州市的高速公路出口都已經關閉了。而且，我所居住的社區也開始設立了卡口，禁止一切外來人員進入。每戶只發一張出入通行證，而且只能兩天有一人出入一次。社區那些回家過年還沒有返回的外地務工人員，他們所租住的房屋門戶，也已經被貼上了封條。

杭州肯定是回不去了。

那麼，回武寧吧，去我大姐家。打電話詢問，得到的答復是：小村也已經封路設卡，不準任何外來人員進入。而且，回家的高速公路出口，也被關閉了！

這意味著，我已經無處可去。

突然，心中不禁產生了一陣恐懼：不會上了高速公路，就下不來了吧？

在當時，這不僅只是一種可能，而且是一種真實的存在。

溫州某法律援助中心的一位公職律師，就因為回家參加一個親人的葬禮，回到溫州市時，高速公路已經關閉了。當她返回老家，結果老家的高速公路出口也被關閉，禁止下高速公路！儘管，這個人一貫很正能量，但這個時候，她的正能量，似乎並不能對她有任何幫助。更有些貨車司機，因為車輛是湖北牌照，在高速公路上一滯留就是十幾天甚至幾十天！

整條高速公路，似乎永遠只有我這一輛車在奔跑。聽著導航的播報，已經到了江西境內。

也許，是經過了一個上午的開車奔波，又是一個下午的審訊，開車一兩個小時後，我已經有些精神恍惚起來。開著開著，不是突然忘了自己身在何處，就是不知道自己要去何方，就是總感覺這路，似乎越來越窄，而且經常會變形、扭曲！儘管限速牌上顯示，最高限速是一百廿公里，可是我把車速放低到八十公里，看到的路面地板，卻依然是變形，扭曲的。

迷茫、困惑、傷心、憤懣，似乎又有的是更多的孤獨和無助，一種連我自己也說不清楚的情緒，突然湧上心頭，隨之而來的是，我的眼淚突奔而出，模糊了我的眼，也模糊了整個黑夜和這個世界。

我忍不住大吼一聲，猛然地一腳油門下去，開始狂奔起來。馬達的轟鳴，伴隨著我那從內心的深處發出的吼叫，我的車，猶如一頭憤怒而又絕望的野馬，飛奔著，向著這個似乎永遠也沒有盡頭的、鐵幕一般的黑夜撞去……

第二章　是誰，偷走了我為兒子的辯護權？

二十二、司法局命令：不准辯護！

上世紀八十年代，有一個中國詩人北島，寫了一句很流行的詩：

「卑鄙是卑鄙者的通行證，

高尚是高尚者的墓誌銘。」

現在的網路上，同樣傳誦著一句很流行的話：

「我的貧窮，限制了我的想像。」

我把後面這句流行語，改了一下：

「我的善良，也限制了我對邪惡的想像。」

我兒子和程淵他們三人的案件，在經歷二〇二〇年一月廿五日的再一次延長偵查期限兩個月後，根據《中華人民共和國刑事訴訟法》的規定，已經不可能再次延長了。

這意味著，在這次延長的偵查期限到後，偵查機關必須向人民檢察院移送審查起訴

——或者，放人。

對後一種結果，我是沒有奢望的。這有如肉入狼口，要它吐出，那是不可想像的。移送審查起訴，幾乎是一種必然。這對我來說，並不是壞事，而且自從我兒子被批准逮捕的那一天起，我就是盼望著這一天的早日到來。因為，作為我兒子的辯護律師，我就可以查閱案卷，也可以和我兒子會見。我將能明白，兒子和程淵他們究竟做了哪些事，得以使國安部門去將他們抓捕，而被課以「顛覆國家政權」這樣的罪名。

我一直隱忍著，也要求別的辯護律師同樣地隱忍。雖然，之前有許多這類的政治犯案件，當事人幾乎無一例外地被指定官方指定律師，而讓家屬委託或者當事人自己事先所委託的律師一籌莫展。

我天真地認為，這是因為那些家屬委託的律師太高調了，犯了辦案機關的大忌，所以才會導致他們被排擠出作為當事人辯護律師的行列。所以，我努力隱忍、順從，甚至不惜卑躬屈膝地依從辦案機關的安排。

我知道，為了兒子的自由，我必須放棄尊嚴。

辦案單位在第一時間內就接收了我和其他律師的委託手續，而不是像某些辦案機關，連辯護律師的委託手續也拒絕接收。而且，臨近最後的偵查期限了，我們也並沒有得到任何的，不允許程淵和我兒子及另一位當事人劉大志所委託的律師辯護的絲毫風聲。

這一切，多少給我帶來了幻想。我以為，我的策略是成功的。可這一切，都在我接到我兒子另一位辯護律師丁敏的電話之後，打破了！

真的是，我的善良，限制了我對他們邪惡的想像！

二〇二〇年三月十六日。

這一天，我一大早就起床了，開著車出門了，準備趕到安徽蕪湖去開庭。可是，心中，總有一種忐忑不安的感覺，總是預感著會有什麼不幸的事情將要發生。

會有什麼樣的不幸將發生呢？

我不知道。

我開著車，上了杭州繞城高速。高速的車輛不少，雖然限速是一百公里，可實際最多也只能開到八十公里。就在行駛到接近三墩出口的時候，坐在副駕駛座上的小鄭律師突然猛喊起來：「剎車！剎車！剎車！」

當我一腳踩上剎車的時候，似乎為時已晚。只聽到「碰！碰！」兩聲，車子追尾了，還是連環撞。

在高速公路上發生追尾，特別是連環撞，這是我自學會開車以來，從來就沒有發生過的。

這個事故，多少有些讓我的心中有些釋然。因為一早起來的那種忐忑不安的預感，似乎應驗了——確實發生了一件麻煩事。所以，在幾輛被撞車輛的車主約好大家有空後再去交警部門處理，重新上路之後，對這起事故的發生，我心中竟然沒有一絲的懊惱。

可是，正如俗語所說的：禍不單行！

中午時分，接到了妻子的電話，讓我給丁敏律師回個電話，說他有重要的事情對我說。

於是，我撥打了丁敏律師的電話。在電話中，丁敏律師嗑嗑巴巴地對我說，他不能為我兒子作辯護了！因為他已經接到長沙市司法局的電話，說我兒子已經解除了對他的委託，同時領導也禁止他參與我兒子的案件。

「就是你一個人接到這樣的命令嗎？」當時我問。

「不，程淵的律師、劉大志的律師，也都接到了同樣的要求。」丁律師回答說，而且告訴我，我也被我兒子解除委託了！其他律師同樣也被自己的當事人解除了委託！

三個當事人，幾乎在同一時間，不約而同地解除自己要求委託或家屬代為委託的辯護律師！

聽到這個消息，我有一種五雷轟頂的感覺，怎麼也不敢相信，這一切，會是真的！

我寧可相信，
天會塌，水也會倒流，
太陽就從來沒有存在過，
地球也是方的！
但我就是不相信，我兒子，會自願解除我的委託，
正如程淵和劉大志也一樣。

當時的心情，確實難以言表。當即，我在朋友圈，發了這麼一則信息：

「我兒子和程淵、小劉涉嫌『顛覆國家政權罪』一案，在歷經數次延長偵查期限後，今天，三位當事人的六位辯護律師，遭集體解除委託！就連我，吳葛健雄的親父親，也被兒子解除了委託——聽說是『當事人的要求』！有誰信嗎？」

三位在看守所嚴密監管下，分別單獨關押的「犯罪嫌疑人」，在歷經二百三十七天的關押後，突然，在同一時間提出解除自己或家屬要求委託的辯護律師。包括我兒子，也將我——他的親生父親、以及他在第一時間通過辦案人員委託的辯護人——解除了委託，而為自己委託了之前從未謀面、甚至連名字也不知道的律師，為自己辯護。而就有這麼六位長沙的律師，面對從未面謀過的他們，居然分文不要，願意接受他們的

委託，為他們進行辯護。

如此的天下奇巧，我估計，只要腦袋裡不全是裝著豆腐渣的人，都不會相信的。

但是，

長沙市人民檢察院的檢察官們，相信！

長沙市中級人民法院的法官們，相信！

我在微信朋友圈發出了那條信息之後不久，就接到了我們蕭山區司法局律師管理部門張彪的電話。他詢問我，我在朋友圈發的那條資訊是不是真實的，如果不能確認是真實的，最好是刪除掉。

我深信，丁敏律師不可能跟我開這樣的玩笑。雖然，從我的內心更希望，這個資訊內容是虛假的——問題是，認為這樣的事情不可能真實發生的人，正所謂，是善良已經限制了你的想像。

我告訴張彪，很不幸，這是真實的。

從蕪湖開庭回來後，我就開始撥打林聖新警官留給我的他的辦公室電話；然而，電話始終無人接聽。我又撥打辦案單位其它的辦公電話，結果，無一例外的是，這些所有的電話，都無人接聽了！儘管，我一遍又一遍的輪流撥打著，那些電話，似乎都一直處於無人接聽或者正在通話之中……

施明磊那邊傳來的消息也是同樣。

也許，他們對我們的電話進行遮罩了！我又試著用別人的號碼進行撥打，還是無一例外的無法接通！

我之所以要打辦案單位的電話，就是還有一絲幻想，希望能從他們那裡得知，三位當事人同時解除自己或者家屬所委託的辯護律師，這不是真的。

三月十七日，我們以家屬的名義發表公開聲明，聲明如下：

湖南長沙從事防愛滋病傳染、殘障人士權益保護工作的三義士程淵、劉大志、吳葛健雄自二〇一九年七月廿二日被長沙市國家安全局以涉嫌「顛覆國家政權罪」的名義刑事羈押，八月廿六日被長沙市人民檢察院批准逮捕。後經長沙國家安全局數次違法延長偵查期限，至二〇二〇年三月廿五日，為最近一次延長偵查期限終結日。

家屬得知三義士被長沙市國家安全局刑事拘留的消息後，在第一時間，根據當事人本人的要求，為三人聘請了辯護律師，各辯護律師也在第一時間將辦案的委託手續交給辦案機關即長沙市國家安全局。

但是，長沙市國家安全局在長達八個月的時間內，假借《中華人民共和國刑事訴訟法》所規定的，律師會見當事人需經辦案機關批准的規定，將會見「需要經辦案機關批准」變成了「一律不允許會見」，而且非法剝奪了《中華人民共和國刑事訴訟法》中所規定的，律師可以和自己當事人通信的權利，致使三當事人的六位律師，在接受委託後，始終不能履行辯護職責。

二〇二〇年三月十六日，家屬委託的在長沙的各辯護律師突然接到長沙市司法局的約談，聲稱三當事人已經解除所有家屬委託的辯護律師的委託，另行委託律師。對此，我們全體家屬深感驚詫！我們一致認為：

三當事人所謂的解除家屬所委託的律師，並不是三當事人自己的意思表示，而是辦案機關肆意剝奪三當事人受辯護權的惡行。理由如下：

1、三當事人的辯護律師，家屬都是依據辦案人員傳達的當事人自己的要求或事前談話明確的意思表達進行聘請的，在律師一直沒有正式能夠開展辯護工作之前，三當事人又突然一致解除原家屬聘請的辯護律師，如果不是辦案單位假傳當事人的意思的話，顯然是因為他們遭受到了某種巨大的威脅或者逼迫。

2、所有的辯護律師尚還沒有機會開展辯護工作，連最基本的會見也從未能完成，三位當事人根本就沒有任何的理由，來作出對辯護律師工作能力的判別，從而重新作出委託辯護律師的決定。

3、縱然當事人認為需要解除原家屬委託的辯護律師，也完全應當通過辦案人員向當事人的家屬傳達，或直接向受委託的辯護律師傳達，並出具當事人自己簽署的解除委託說明，而非通過律師的主管部門即長沙市司法局以對辯護律師進行約談甚至威脅的方式，要求原辯護律師不得再履行其與家屬簽訂的辯護合同中所約定的義務。

4、三位當事人在湖南省國家安全局看守所，是分別單獨羈押的，完全不可能有機會會面，更無可能會一起商談約定。但是，他們三人卻都不約而同地在同一個時間解除自己要求家屬所委託的辯護律師，這顯然是三人在同一個時間段裡都受到了同樣的威脅和逼迫。

鑒於以上理由，我們聲明如下：

1、我們絕不接受任何官方指派的辯護律師，即使當事人自己真的意願需要變更辯護律師，也必須由我們家屬自己來委託，而不需要任何官方的指派。

2、我們也絕不接受任何所謂的法律援助律師，因為我們認為，我們並非無力支付辯護律師的律師費，根本不需要任何官方的「法律援助」。

3、任何非經我們家屬認可，只是根據官方的指派而參與三人案件辯護的任何律師，即使持有所謂三當事人自己簽署的「委託書」，我們也只視為該委託是在被嚴重威脅和逼迫情形下籤署的，而非當事人自己的真實意思表示。

4、鑒於此，任何未經與家屬溝通而秘密參與此案辯護的律師，我們全體家屬將不惜以一切手段，暴露他們醜陋的惡行並使他們得到應有的懲處！

特此聲明！

但是，這樣的聲明，顯然是沒有任何用的。

二〇二〇年三月十八日，我突然接到了一通來湖南長沙的電話。

二十三、你已經被你兒子解除委託！

來電話的，是一位女士，自稱是長沙市國家安全局的工作人員。

我一下興奮起來，大聲地對著手機說道：「我一直在撥打你們的電話，怎麼你們單位所有的電話，一直都無法接通呢？」

她告訴我，她們單位的電話，這兩天出了系統故障，所以外面的電話，都打不進去！

顯然，這是一個謊話。要知道，她們單位可不是一般的單位。怎麼可能會出現這樣低級的通信故障？

下面，就是這次通話的大概內容：

「這邊，吳葛健雄他給你寫了一封信，信裡面說，他決定不讓你作為他的辯護人，他會自己委託律師作為本案的辯護人。然後這樣情況，我事先通知你。因為這個信件我們會以郵寄的方式寄送給你。相關信的郵寄內容，到時候可能會延遲幾天，信件的相關內容，到時我們會讓杭州市安全域的相關同志把信的內容再告訴你，可以嗎？」

當即，我就問她：「你說，你是長沙市國家安全局的，是確實的嗎？」

在她給了我肯定的答覆後，我又問：

「你知道我和吳葛健雄是什麼關係嗎？」

她說知道的，我們是父子關係，我是吳葛健雄的父親。

我問她：「是不是三位當事人都解除了之前委託的律師？」她的回答是肯定的，三位當事人都解除了之前的律師，另行自己委託辯護律師！

三月十八日，所有的律師都接到了長沙市國家安全局人員的電話告知，當事人已經解除了對自己的委託。至此，三位當事人同時解除自己的六名辯護律師的消息得到了最終的確認。

這意味著，長沙市國家安全局，鐵下心來，要辦下一起徹底撕下中國「依法治國」嘴臉的「鐵案」！

不一會，我的手機又響起。

電話是施明磊打來的。她告訴我，偵查單位給她打了電話，說是有一封程淵的信將會郵寄給她。我告訴了她，信的內容應當是解除之前的律師，而且三位當事人都同樣，解除了之前所委託的律師。

幾天之後，收到了一份順風快遞——我去收件時，還得付郵資的。我之前，從來沒有收到過需要倒付郵資的郵件。

拆開之後，裡面，正是我兒子寫給我的信！

信的內容如下（全部按原文抄錄，包括不合理的錯字和語法錯誤）：

父親、母親：

我作為您們的兒子，如今已經廿五歲了。但始終沒有能夠在父親身邊，母親身邊盡一盡孝道，更遺憾地是我跟程淵他們觸犯了法律，等待我們將是法律制裁，對此我十分自責，非但沒有盡孝，反而讓父親，母親更加為我操心，擔心。作為成年人的我，實在對不起您們。為了不讓您們再為我操勞奔走，我決定不讓父親作為我的辯護人，而決定讓自己對自己的行為負責，我會自己委託律師作我本案的辯護人，不再接受其他人辯護。我相信他們能夠很好地幫助我，還請您們放心。

另外，我在看守所裡很健康，看守所的防疫措施也很到位，也還請您兩位放心。雖然目前疫情在國內好轉，我還是希望您們多注意安全，少出門，也希望您們和和睦睦，不要吵架。

您們的兒子：吳葛健雄。

二〇二〇年三月十四日

讀到這封信的第一眼，我就知道，這封信是我兒子抄的。

日常生活中，許多語言習慣，一般是改變不了的。就如我兒子，稱呼我和他的母親，從來都只是很簡單的「爸」「媽」，從來不用父親、母親這樣正式的語言。和自己的親人通信，一般只會用日常語言，而不會用很正式的書面語言。

更何況，信的抬頭，「父親、母親」是頂格寫的。這不符合人的行文習慣，說明，這是正文抄完後，才加上去的，所以才會導致出現這種頂著天花板寫的情況——顯然，我兒子的這封信，是事先人家寫好，然後讓他照著抄的。更何況：身陷囹圄的他，去哪拿錢，「自己委託律師」？

我知道了，我兒子所謂的「自己委託律師」——其實就是被迫接受了官方指定的律師，也就是所謂的「官派律師」。

我作為律師，當然明白，在中國，被羈押的刑事案件嫌疑人，要委託律師，幾乎只有透過讓家屬來委託。即使是公派的法律援助律師，在接受法律援助中心指派後，也得找當事人的家屬來另簽委託合同或者辦理委託手續，然後憑法律援助中心出具的指派函和家屬的委託書，才能得以進行會見，與當事人確認是否願意接受指派或者委託。程淵、劉大志、我兒子吳葛健雄，首先就根本不符合法律所規定的法律援助的條件，不可能由法律援助中心去指派律師為他們進行辯護。除法律援助律師之外，那麼就只能是非法律援助性質的，由家屬委託的律師——否則，根本就無法進入看守所，與當事人進行會見！

程淵和我兒子在進行公益活動中，認識了許多律師。因為他們工作的性質，需要律師來予以協助。但他們圈子裡的律師，大家都是相互瞭解的——或者，至少是能相互認識的。如果是程淵和我兒子他們所認識的律師，那麼我們幾乎也全部認識，或者至少在接受委託後，會在第一時間內和我們家屬聯繫。

但程淵的太太、我，都沒有接到任何電話，說他們受到了委託，要求我們簽署相關的委託手續——由此可見，所謂「自己委託律師」，就是辦案單位指定的律師！也就是通常所說的「官派律師」。

「官派律師」，並不是中國律師中的某個種類。中國律師有公職律師、公司律師和社會律師三類。公職律師是指在政府中存在的，只向政府提供法律服務，或者根據政府的指定，根據法律的規定向社會提供法律援助，並領取政府薪金的律師。這類律師，不能直接向社會提供法律服務。而公司律師，是指由某一公司所設立的，專門為公司提供法律服務的法務部門，這類律師也不能向社會提供法律服務。除此之外，只有社會律師——或者說是商業律師，就是那些依靠為社會不特定的人和單位提供法律服務的律師，而沒有所謂的「官派律師」這一類。

所謂的「官派律師」，是指雖然不符合法律援助條件，但官方為了完成特定案件的程式需要，專門指派社會律師去配合完成刑事審判程序的律師。他們參與案件，並不是為了向其當事人提供法律服務，而是根據官方的需要，配合或者幫助官方完成審判程序，以便在特定案件中滿足法律所規定的當事人必須有律師「辯護」這個要求。律師界把這樣的辯護稱之為「形式辯護」，律師從事這類活動，一旦被發現，會被同行，或者具有一定法律常識的民眾所鄙視。

所以，一般稍有良知，或者還有羞恥心的律師，哪怕是共產黨員，都不願意接受這樣的官派任務的。

有一個最顯然的例子是，王全璋涉嫌煽動顛覆國家政權罪一案中，聽說王全璋準備委託浙江的陳有西律師為其辯護。當時，浙江省司法廳代為傳達了王全璋的這一要求。陳有西律師隨即去看守所會見了王全璋，聽說王全璋或許有些猶豫了。於是，陳有西律師就打電話給王全璋的家屬，詢問是否要委託他為王全璋辯護。結果，王全璋的家屬發布了一個公開聲明，表示拒絕「官派律師」。

陳有西律師得知這個聲明，嚇得半夜起來發微博，聲明自己並不是「官派律師」，並對事情的經過予以釐清。

陳有西律師曾經是浙江省高級人民法院的法官，不僅是中國著名的律師，同時也是優秀的中共黨員，他的律師集團的黨組織也被司法局評為「先進」黨組織。但即便是如此顯赫的背景，陳有西律師依然被一頂「官派律師」的帽子嚇得半夜起來發微博發聲明釐清，可見這「官派律師」的侮辱性有多大。

那麼，我兒子所謂他自己委託的律師，自然就是這樣的「官派律師」了。但誰又會這麼無恥，寧願背負千古罵名，也要做這樣的「官派律師」呢？我下定決心，一定要找到我兒子「自己委託」的這兩位「辯護律師」！

二十四、被集體解除委託：彰顯法治文明進步？

我發到朋友圈的那條訊息，居然驚動了浙江省司法廳及浙江省律師協會。

在我收到了由我兒子抄寫的信件之後，就得到了蕭山區司法有關領導的電話，告訴我，浙江省司法廳、浙江省律師協會和杭州市司法局的領導，將要來我律所走訪。

這個時候，疫情雖然已經沒有像二月份時那麼緊張，但依然還處於高度的防範狀態。

在我的記憶中，上一次司法行政機關的省、市、區三級領導來我所走訪，才過去幾個月。在不到半年的時間內，三級司法行政機關的領導再次來我所走訪，估計就和我兒子的事情有關。

果然，如我所料，三月二十日，浙江省司法廳的一位領導，浙江省律師協會的會長、市司法局的一位領導和蕭山區司法局的分管領導，一起來到了我所。

在這次走訪中，他們詢問起有關我兒子的情況。我如實地將我所瞭解的，我兒子從事什麼工作，他們的工作內容都有哪些，以及資金的來源等向各位領導們作了盡可能詳細的彙報。

他們也不相信三位分別關押的當事人，怎麼會同時作出解除之前所委託的辯護律師這種事情的發生。但我肯定地告訴他們，事情就是真實地發生了，而且是已經得到了偵查單位的證實。

我又將我兒子抄寫的信，給他們看了。

最後，省律師協會的會長表示，他儘可能通過律師協會向湖南省律師協會進行溝通，而省廳的領導也表示將通過省廳讓浙江省國家安全廳向湖南省國家安全廳進行溝通，並再三強調，不得接受境外媒體的採訪！

對領導們的這種表態，從內心，我是真誠感激的。但是，我也明確地對他們說：沒有用的。

因為曾經做社會撫養費的資訊公開等事情，許多國際媒體都對我進行過採訪，而且許多都保留有通信方式。對於國內所發生的一些事情，這些國際媒體也經常會對我進行採訪。

二〇一七年七月，我因言論問題，被杭州市律師協會調查，最後杭州市律師協會給了我停止會員資格九個月的處分。在這之前，有關領導就告誡過我，不准接受境外媒體的採訪，但沒有特別嚴格禁止。經歷這次事件後，基本就是嚴厲禁止我接受境外媒體的採訪了。所以，在很長的一段時間內，我就沒有再接受境外媒體的採訪。

因為，我能否執業，完全掌握在他們的手裡。

而我，暫時還得靠這個吃飯。

但是，我雖然承諾暫不接受任何境外媒體的採訪，但明確了一個期限：這個期限是一個月。如果在這一個月內，我被剝奪為我兒子辯護權的事情，得不到任何的改善，那麼，我必將發聲，以我自己的方式，去維護我，也是我兒子得到正當辯護權的權利。

根據這次領導走訪的建議，我將我的訴求寫成書面的材料，然後分別郵寄給了浙江省司法廳、浙江省律師協會、杭州市司法局及蕭山區司法局。該書面訴求內容如下：

請求依法維護我作為我兒子辯護律師辯護權的請求報告

浙江省司法廳：

浙江省律師協會：

我兒子名吳葛健雄，二〇一七年嘉興學院法學本科畢業後，加入一家註冊名為長沙富能公司的NGO組織，從事殘障人士及愛滋病權益保護工作。二〇一九年七月廿二日突然失蹤，後接到長沙市國家安全的拘留通知書，是因涉嫌「顛覆國家政權罪」被長沙市國家安全局刑事拘留，同年八月廿六日被長沙市人民檢察院批准逮捕。

在我收到兒子的拘留通知書後，第一時間趕往長沙市國家安全局，與該案的辦案警官林聖新進行了溝通接觸。林聖新在第一時間對我說，我兒子要委託我作為我兒子的辯護人，問我是否同意接受委託。我在表示同意後，遞交了全部的辦案手續。

此後，我一直以我兒子辯護律師的身份，向長沙市國家安全局瞭解案件的進展情況。二〇二〇年二月四日，我在與辦案警官及相關領導溝通的時候，他們要求我說服我兒子認罪認罰，我表示現在我還不瞭解案情，沒看到案卷材料，也沒有會見過。如果我兒子的行為確實可能涉嫌犯罪，我會說服他認罪認罰。他們明確表示，到時我會看到所有的案卷材料，也會讓我和兒子會見。

最後一次延期偵查期限到期是二〇二〇年三月廿六日。正當該期限將近時，三月十六日，得到我兒子的另外一名在長沙執業的辯護律師通知，說長沙市司法局告知他，我兒子已經解除了對他，也包括我的委託。也在同一時間，另外兩位當事人的辯護律師也得到了同樣的告知：他們也被自己的當事人解除了委託。

三月十八日，所有的律師都接到了長沙市國家安全局人員的電話告知：當事人已經解除了對自己的委託。至此，三位當事人同時解除自己的六名辯護律師的消息得到了最終的確認。

三月二十日，我收到了我兒子的信件。信件中我兒子表示：「為了不讓您們再為我操勞奔走，我決定不讓父親作為我的辯護人……」「我會自己委託律師作為我本案的辯護人，不再接受其他人辯護。」

我認為，該封信雖然可能是我兒子的筆跡，但絕不是他自己所寫，也即信中解除我和另一位律師委託的意思，並非是他本人的意思，理由很簡單：

1、我兒子對父母的稱呼，從來就沒使用過「父親、母親」這樣很正式的稱呼，而來信卻全部都用「父親、母親」這樣的稱呼。任何一個人，給自己的親人寫信，都不可能會突然改變這種長久以來就形成的習慣稱呼。

2、「為了不讓您們再為我操勞奔走，我決定不讓父親作為我的辯護人……」這個理由根本就很難讓人相信，畢竟，他在被第一次接受訊問時，就提出要求我來作為他的辯護律師，然後由辦案人員向我本人傳達的。而且，我兒子的行文，是從來不會使用「您們」這樣的稱呼，這是我作為一個父親所深深瞭解的兒子的行文習慣。

3、「我會自己委託律師」，這是根本就不可能的。首先，任何一個人，要委託律師，肯定要委託自己信任或至少自己熟悉的。而他所信任或者比較熟悉的律師，如果確有比他自己的父親還信任的，無論是根據法律的規定，還是客觀實際，因為他失去了人身自由，無法去聘請律師，也只讓辦案人員通知家屬去委託，不可能是讓辦案人員去委託。再者，他自己去委託，又如何去支付律師費用？

我兒子也是學法學的，而且平時的語言組織能力一直不錯。但這次寫出來的信件，無論是從日常稱呼，還是行文習慣，都與他之前的完全不同。因此，我有足夠的理由判斷，該信並不是他本人所寫，而是由他人寫好後被迫照抄的。

更為讓人難以置信的是：三位當事人是在同一時間同時提出解除對自己的律師的委託的，但他們三人又是分別關押的，不可能有機會在一起商量探討，更不可能如此一致地作出同樣的決定。這完全可以證明是辦案人員的意思表示，而不是當事人本人的意思表示。

因此，我作為一名父親，同時也是作為一名我兒子的辯護律師，提出以下要求：

1、充分保障我作為我兒子辯護律師的辯護權。

我作為我兒子的辯護律師，在長沙市國家安全局的整個案件偵辦過程中，一直恪守法律、法規及律師協會所規定制度，從未對該案進行任何的炒作或宣傳，也一直在法律允許的限度內配合辦案機關的工作。

如果我兒子的行為確實構成犯罪，我作為一個父親，為了讓自己的兒子能得到從輕的處罰，也會配合辦案機關說服他認罪認罰，爭取從寬處理。即使我通過閱卷後，認為其行為不構成犯罪，也會根據法律的規定在法庭上進行合法、合理的辯護。如果案件涉及國家秘密，我們也會根據法律的規定，遵守保密的承諾。如果違反了法律、法規的規定，該處罰的就聽由司法行政機關或律師協會處罰，構成犯罪的，任由司法機關起訴審判——但是，作為一名律師，他的辯護權是法律所賦與並受法律保護的，非法定事由，不得任意加以剝奪。

現辦案機關假以我兒子的名義，解除了我為我的當事人，同時也是我兒子的辯護權，這顯然是一種嚴重的違法行為。

因此，希望能讓我向我兒子當面確認，所謂的解除對我的委託，是否是他本人的真實意思。如果確屬是他本人的意思，我願意根據其本人的意願，為其聘請他意願的辯護律師。

因為，根據《中華人民共和國刑事訴訟法》第三十四條第二款的規定：「犯罪嫌疑人、被告人在押期間要求委託辯護人的，人民法院、人民檢察院和公安機關應當及時轉達其要求。」向誰轉達？法律雖然沒有明示，但根據常理，應當是向當事人的監護人或者近親屬，或者當事人所指名定辯護人。符合法律援助條件的，才向法定的法律援助機構轉達。

該條第三款規定：「犯罪嫌疑人、被告人在押的，也可以由其監護人、近親屬代為委託辯護人。」是適用於當事人自己沒有要求委託辯護人的情形下，其監護人、近親屬也可以代為委託。

本案中，我兒子並不在法律規定的法律援助範圍之列，如果由法律援助機構指派，則違反了《刑事訴訟法》《法律援助條例》的規定。

因此，本人希望能與我兒子當面確認，他解除對我的委託是否是他本人的真實意思表示，如果他自己委託律師，也應當由我們家屬來簽訂相應的辯護合同。如果由辦案單位指定律師，這明顯是違反《刑事訴訟法》的規定的。

2、充分保障我兒子的受辯護權。

中共的十八大報告說：「依法治國基本方略全面落實，法治政府基本建成，司法公信力不斷提高，人權得到切實尊重和保障。」

「尊重和保障人權」也是《中華人民共和國刑事訴訟法》第二條所明確規定的刑事訴訟的任務之一。

犯罪嫌疑人的受辯護權，是人權保障的一個重要方面。所以，《最高人民法院、司法部關於擴大刑事案件律師辯護全覆蓋試點範圍的通知》指出：「保障司法人權、促進司法公正是全面依法治國的應有之義，開展刑事案件律師辯護全覆蓋試點工作，目的就在於讓每一件刑事案件都有律師辯護和提供法律幫助，通過律師發揮辯護職責維護當事人合法權益、促進司法公正，彰顯我國社會主義法治文明進步。」

保障犯罪嫌疑人的受辯護權，應當是指犯罪嫌疑人或被告人有在法律規範的基礎上有自由選擇自己辯護人的權利。這種權利是不能任意或者變相地任意加以剝奪的。

現長沙市國家安全局假以當事人自己的名義，強迫當事人解除自己的辯護律師，不僅與法律相悖，也是與黨的決定相違背的。如果任由辦案機關利用自己的優勢，可以強迫當事人解除自己的律師，違反法律、法規有關「法律援助律師」適用的範圍，根據辦案機關的要求安排法律援助律師，根據辦案機關的意見來進行辯護，不僅不能「司法公信力不斷提高，人權得到切實尊重和保障。」「促進司法公正，彰顯我國社會主義法治文明進步。」，相反，是讓國際社會看中國「司法公正」的笑話，看中國「社會主義法治文明進步」的笑話，也更是讓國際社會看中國「尊重和保障人權」的笑話。最終損害的，不僅是我兒子的受辯護權，而是中國共產黨的威信、中國的國際形象、中國的司法審判的公正性。

中國司法的公正性、中國的人權保障狀況，一直被某些反華勢力所利用，作為攻擊中國的一個最常見，也是最重要的理由。之所以出現這種狀況，就是與有一些辦案單位在辦案過程中，不能正確實施黨的政策、法律是有密切相關。正如本案所發生的三位當事人在押期間，同時決定解除自己的辯護律師一樣，辦案機關說，這是當事人自己的選擇。但是，三位當事人在無法互相見面、溝通的情況下，居然在同一個時間內一致作出了解除自己的辯護律師這樣的事，說是三位當事人自己的選擇——這樣的說法，任何一個尚有一點正常思維的人，也都不會相信！恰恰相反，更會讓更多的人聯想起，他們是否受到了巨大的壓迫！這樣的聯想，難免會對辦案機關的形象造成嚴重的損害。而辦案機關代表的是國家、是政府，這勢必對中國的國家形象、中國政府的形象造成嚴重的損害。而中國又是在中國共產黨領導之下的國家，這對中國共產黨在國際上的形象，不也是一種嚴重的打擊？

所以，辦案機關貌似解決了當事人自己委託的辯護律師，能夠安排他們自己可以完全掌控的律師，以確保對當事人的審判能順利進行，維護了辦案機關的「權威」。但是，卻損害了黨和國家的形象，損害了中國的司法形象，也讓人更加懷疑社會主義法治。

如果偵查機關一直是依法辦案的，而且三位嫌疑人犯罪的證據是確鑿、充分的，那麼他們有什麼必要，害怕當事人讓他們家屬委託的辯護律師辯護呢？他們如此要讓三位當事人解除自己要求委託的辯護律師，難道豈不讓人更加聯想，是不是因為他們在偵查過程中，使用了什麼違法的手段，或者，犯罪的證據，連他們自己也不敢相信是「確鑿、充分」，所以要換上受他們控制的律師？凡是具有正常思維能力的人，估計都會這麼聯想的，因此，辦案機關這樣做的結果，不僅維護不了他的權威，相反，讓人們產生了更多的質疑。

為國見，為黨見，為法見，為民見——請求能說服有關部門，變更這種不明智的作法，還民眾和國際社會一個信任！

特此請求！

請求人：吳有水

浙江碧劍律師事務所律師

二〇二〇年三月二十日

儘管，我知道司法廳和省律師協會的溝通起不了什麼作用，但是，出於尊重他們，我依然向各位領導表示：在領導們去溝通的這段時間裡，我盡可能地不發聲，暫時也不接受國外媒體的採訪，靜等浙江省司法廳和律師協會溝通的結果。

當然，我不會坐等他們的溝通結果。

我必須親自到長沙去一趟，問一問偵查單位，我兒子他們三個，為什麼會突然同時解除之前家屬或他們本人所委託的辯護律師的委託，轉而去委託別人？他們「自己委託」的辯護律師是哪家律師事務所的，分別是哪幾位律師？

他們會回答我的問題嗎？

二十五、誰為我兒子辯護，居然是「國家秘密」

按照刑事訴訟法的規定，被羈押的當事人，如果需要委託律師的，辦案單位應當予以轉告。向誰轉告，法律雖然沒有明確規定，但完全可以推定就是向當事人的家屬轉告，以便讓家屬根據他們的要求去委託律師。當然，也可以直接向當事人自己願意委託的律師轉告——如果遇到這樣的情況，那麼相應的律師，如果願意接受委託，就應當與當事人的家屬聯繫，以便於簽訂辯護合同並出具授權委託書。然後，受委託的律師，將委託手續交給辦案機關，並憑此委託手續進行與當事人會見，瞭解案情及當事人的意見。

但是，辦案單位並沒有轉告我們家屬，當事人意欲委託哪位律師為其辯護，也沒有任何律師與我們家屬聯繫，要求我們去辦理相應的委託手續——這一切，都是違背法

「長沙公益仨」家屬在長沙檢察院門前合影，右起吳葛健雄母親葛紅、程淵妻子施明磊、程淵姐姐，攝於二〇二〇年三月廿三日。

律規定的。

所以，我們必須儘快地去長沙一趟。

二〇二〇年三月廿一日，我在辦公室準備好相關資料，回家準備第二天去長沙的東西。

天，突然黑了下來，明明是白天，卻猶如黑夜！

三月廿二日，我和妻子一起，坐上火車，去長沙火車南站和施明磊她們會合。先住下後，安排這次來長沙的應當去哪幾個部門。

最後，我們決定，先去長沙市人民檢察院控告辦案單位這種強制剝奪律師辯護權的行為，然後，再去偵查單位詢問當事人自己委託的律師是誰。

第二天，到了長沙市人民檢察院，結果，

大門是緊鎖著的。裡面的工作人員告訴我們：疫情期間，不接待來訪。有事可以透過書面郵寄的方式反應！

於是，回到賓館，將列印好的控告書簽名之後，交由EMS的接件人員郵寄。

下午，到了偵查單位。打通了電話，等了半天，才出來一位民警，對於我們所詢問的事項，一律不予以回答。理由是：我們沒有義務接待你們，也沒有義務告訴你們，三位當事人自己委託的辯護律師是誰！

我們，就這樣被打發走了，只好暫且先各自回家。

這時，我們還不知道：能得到任何有關辯護律師是誰的鐵幕已經關上。

三月廿六日，我又重返長沙，直接到了長沙市人民檢察院。

大門依然緊鎖著。

我對裡面的工作人員說：我是來遞交辦案手續的。裡面的人員告訴我，到下午兩點半再來。

於是，我在大街上漫無目的地徘徊了許久，直到了下午兩點半這個時間，又再次來到了檢察院服務中心的門口。再次告訴裡面的人，我是來遞交辯護手續的。裡面的一位工作人員經再三詢問後，才讓保安把門打開了一條縫，讓我鑽了進去。

經查詢，案件確實已經到了檢察院。於是，我向工作人員遞交了我為兒子辯護的辦案手續，並要求閱卷和與辦案人員見面。工作人員讓我等一下，說是負責此案的檢察官等下就下來見我。

於是，我在接待大廳裡，等著。

一個多小時過去了，我再次詢問，檢察官怎麼還沒有下來？這時，又告訴我檢察官正在外面辦事，還要再等等。

於是，我再等，一直等到他們快下班。

再等的結果是，來了一位年輕的工作人員，告訴我：我兒子已經委託了兩名辯護律師，並把剛才那位工作人員接收下的委託手續，退還給了我。

我問：我兒子委託的是哪兩位律師？

他們拒絕告知。當我問他們，主辦此案的檢察官是誰，他們只回答說姓韓，其他的一切情況，都不予以答覆。

知道主辦檢察官姓韓，是我此次來長沙唯一得到的收穫！

後來知道，這位檢察官叫韓冰囡！

韓冰囡，女，中共優秀黨員，二〇一二年八月廿九日被長沙市第十三屆人民代表大會常務委員會第四十二次會議通過被任命為長沙市人民檢察院檢察員。

「長沙公益仨」公訴檢察官韓冰囡，取自長沙市人民檢察院官方網站。

程淵的太太施明磊，查到了一個韓冰囡辦公室的電話。

但是，這個電話，是永遠也打不通的。

但是，我們依然不甘心，我們的親人，就這樣被強制安排了官方指定的律師。

我們以為，官方指派律師，肯定是通過當地的法律援助中心來完成的。所謂的法律援助中心，名義上是幫助那些因經濟困難無力委託律師的當事人，經過申請後，由政府指派律師，為他們提供法律服務。

但是，一般來說，被指派的律師，都是社會律師——雖然有的法律援助中心自己也有公職律師，但這種公職律師，一般法律水平本來就並不高，而且只是由政府發薪酬，案件辦的好與壞，與他們的個人利益沒有多大關係。所以，並不會去努力的研究案情，為當事人多花心思。這樣的律師參與案件，只是在程序上幫當事人跑跑腳，而實體上，能產生的作用並不大。而被指派的社會律師，因為完成法律援助，對他們來說，只是一種政府要求必須履行的義務，政府所支付的那麼一點費用，許多律師是不屑一顧的。

當然，也有一些律師事務所，因為實在沒有什麼案件，就會通過與當地司法行政部門的某種關係，將當地的法律援助案件承包下來，以此作為一個主要的業務收入來源。但他們的辦案，也僅僅是一種形式化的，只是為了幫辦案單位走完一個案件的流程，而並不會提供更多的具有實質意義上的法律幫助。

為了得到強行替代我作為我兒子辯護人的律師信息，時隔一個月，我和施明磊再次來到了長沙。這次，長沙市檢察院的人態度開始更加強硬了，他們叫囂說，他們沒有義務接待當事人的家屬，他們只接待律師。那麼，程淵、劉大志、我兒子吳葛健雄他們三位當事人的辯護律師是誰？但是他們又拒絕告訴我們。於是，我和施明磊就先詢問，我們上次控告的事項，有沒有處理？其中一個人對施明磊說，不是已經處理過了嗎？不是還到深圳告訴過處理結果了嗎？

原來，他把施明磊前次的投訴事項和我們後來舉報的事項給弄混了。於是，又像是教小學生做作業似地，將上次投訴的材料拿出來，告訴他我們上次投訴的是什麼，什麼時候通過郵寄方式遞交投訴材料的。那位工作人員就說已經交給程淵等三人案的經辦人員去辦了。當我們指出，我們舉報控告公訴人員的事項，怎麼能交由公訴人員自己去處理呢？於是，他又要我們說明我們舉報事項是什麼，一邊也假模假樣地作筆記。

對這樣的投訴舉報，其實，我是壓根不抱有任何的指望的。正如這位工作人員現在所做的那樣，認真地敷衍著我們，我們也知道他就是在敷衍一樣。

然後，我們在辦案中心的大廳裡，毫無指望地坐著。一直坐到他們下班時間到了，他們要趕我們出去。

我告訴他們：「我們進來的時候，你們說你們只接待律師，不接待當事人的家屬。我告訴你們，我就是我兒子的律師，你們又說我兒子已經有辯護律師了。那麼，現在我就想知道，我兒子的辯護律師是誰，難道這有錯嗎？你們說我兒子已經另請律師了，你們總得告訴我，這律師是誰？不然，讓我如何相信，他請了別的律師呢？我總得查證一下吧？」

到最後，終於有一位工作人員說：「這個，涉及國家秘密啊！」

我估計，天底下再也沒有如此之大的笑話了！我兒子的辯護律師是誰，對於他父親來說，居然是一個「國家秘密」！一個國家的司法，要荒唐到什麼樣的地步，才會鬧出這樣的笑話呢？

可是，長沙市人民檢察院的工作人員，他們，卻是一本正經地說出來的！

我真懷疑，他們是不是郭德綱的德雲社跑出來的！（編按：德雲社是中國知名相聲演員郭德綱創辦的相聲表演團體。）

突然，到了檢察院的案子，又被退回補充偵查了！

這說明，長沙市國家安全局所謂的「證據確鑿」的程淵和我兒子他們仨人「顛覆國家政權罪」的案子，在經他們差不多十個月的偵查之後，依然還是證據不足的！

這是一個好消息，也是一個壞消息。

所謂的好消息，是可以確定，辦案單位，對指控我兒子他們是否構成犯罪，在證據方面，公訴機關也認為罪證不足。像這類政治案件，但凡在證據方面只要勉強能糊弄過去的，他們是都會用來定罪之用的。至於嫌疑人或者被告人是否真的有罪，那不在他們的考慮之列，他們所要考慮的只是，通過這個案子給當事人定了罪，能否得到獎賞，如他們之後能不能得到升遷？會不會得到表彰？能不能受到重用？而絕不會去考慮當事人是不是真的有罪？但是，當這個案子證據實在缺得離譜的時候，他們也會考慮：萬一法院判不下來怎麼辦？他們知道，法院肯定是站在他們一邊的，因為大家都是共產黨的刀把子，必須服從共產黨的領導。問題是，如果太離譜了，法院會責怪他們證據做得太過於馬虎了，讓法院為難。兩家吵起來，當然對檢察院的辦案人員不利！再說，只要發回補充偵查一次，至於偵查單位能不能補充到證據，那就不是他們的事了，再去起訴，萬一有問題，法院就可以將責任推到偵查單位的頭上了。

政治性的案件，哪能講法律，只能講政治——其次，講利害。

所謂的壞消息則是：這個案子，估計一時沒有辦法得出結果了！既然檢察院都認為證據不足，退回補償偵查了，而偵查部門偵查了十來個月，也沒有偵查出什麼名堂，估計也已經是黔驢技窮了。不要說再補充偵查一個月，就是再給十個月，也還是那樣。到了法院，法院見了這樣的案子，估計又得要層層彙報，沒完沒了的，所以，這又是個壞消息。

從長沙回來之後，我和施明磊就分別向長沙市司法局、湖南省法律援助中心，申請資訊公開，要求公開為程淵和我兒子他們三人提供「法律援助」的律師名單。

結果，我向長沙市司法局的書面申請，被拒收了。

沒有任何理由，就是拒收。

施明磊的申請得到了長沙市司法局的答覆：我向湖南省法律援助中心的申請也得到了答覆，答覆的結果是：

資訊不存在！

也就是說，無論是長沙市司法局還是湖南省司法廳，都沒有指派「法律援助」律師！

那麼，是什麼神一樣的律師，在這個關鍵時候，擠掉了當事人家屬自己委託的律師，而讓當事人委託了他們呢？

二十六、是誰，偷走了我為兒子的辯護權？

為了徵求線索，我和施明磊再次發出一封公開信，內容如下：

尋找「雷鋒式」的「長沙好律師」
——致程淵、劉大志、吳葛健雄三人案「辯護律師」的公開信

在中國長沙，有這麼六位律師：他們能力無比，能讓被監管得滴水不漏的在某省級單位看守所裡的三個嫌疑人，同時解除自己之前決定讓家屬代為聘請的辯護律師，寧願不相信自己的親人，甚至是親生父親，而改為相信他們，聘用從不相識的他們，作為自己的辯護律師。

儘管，我們誰也無法知道，他們是如何能夠見到就連有正式委託手續的辯護律師也無法能會見的三位當事人，並取得三位當事人的授權委託的；

但，事實就擺在那裡——無論從當事人家屬收到的當事人的親筆信、還是在偵查階段時偵辦該案的辦案單位、還是進入審查起訴階段後的檢察官那裡，都說，三位當事人已經分別各自聘請了兩位辯護律師。

三位當事人，每人分別兩位辯護律師，共計六位。

這六位律師，他們不計報酬，正如眾所周知的事實，三位當事人被羈押在

看管森嚴的看守所裡，身無分文，不可能給他們支付任何的報酬。可是，這六位律師在「接受委託」後，居然一聲不響，也從未向當事人的家屬索要過任何的辯護費用；這六位律師，他們不計名利，就在他們「接受委託」後，居然一直隱姓埋名，一直不讓世人知道他們的任何資訊。他們只是如同幽靈一般地存在，彷彿一見陽光，便會風吹雲散。

聽說，這六位辯護律師的名字，屬於「國家秘密」。

中華人民共和國的任何一部法律，都沒有說，一件刑事案件的辯護律師的名字，會成為國家秘密——一旦為公眾、甚至當事人的家屬知道，都會損害到國家利益的。或許，這樣的法律會有，但不在當下，而在未來、最黑暗的某一天？

但願，這一天永遠不會來臨。

但是，這六位能力超眾，不為名，不為利，堅決不讓當事人家屬及眾人知道他們是誰的「雷鋒式」的「好律師」，儘管今天，你們受著某種超越法律的庇護，可是，終究將有一天，你們的「光榮使命」還是將會曝曬於陽光之下！

審判，有可能秘密進行，但判決，總有一天會公開。

判決書上，你們的名、你們的姓、你們的律所，都將隨著那一份判決書的記載，而「垂名青史」！

是你們，利用超越法律的「關係」，不顧現行刑事訴訟法、法律援助條例的規定接受委託；

是你們，公然違反律師的倫理，強行排擠掉已經收取家屬辯護費用的律師，違背當事人的願意，以強行擠占辯護律師名額的方式，剝奪當事人受辯護的權利；

是你們拒絕與當事人家屬聯繫，讓當事人家屬失去提供有利於當事人證據的機會，從而成就你們一次完美的「配合」，假裝以辯護的名義，配合公訴機關完成一次不能公正的審判！

你們，必將成為中國律師的恥辱，成為中國法治歷史不可抹去的一個污斑，讓後人看到，作為中國律師——曾經有些人，是多麼卑鄙地出賣靈魂，也讓你們的後代，世世為你們蒙羞！

你們的行為，是卑鄙的；正如

你們不敢面對公眾，不敢面對當事人的家屬一樣；

你們，如同陰溝裡的老鼠一般膽怯；如同黑夜的鬼魅一樣，害怕光明。但你們不知廉恥的心，卻依然會讓你們堅持著前行，為了達到你們那不可告人的「目的」，繼續在陰溝裡爬行。

雖然，你們不收取我們的任何錢，雖然，你們不敢拿出你們這個所謂的辯護大案來為自己炫耀，雖然，你們活得膽戰心驚……

但是，作為家屬，我們明白無誤地告訴你們：

我們，不會感激你們，而只會，高高地豎起我們的中指，

用我們的手背對著你們，表達我們對你們的鄙視！

如果，你們，不想讓你們的後輩世代蒙羞，那麼，請你們勇敢地站出來，

並且大聲地說：「我不配合！」
但是，你們不敢——因為，你們只配爬行著生活！
就像從來就沒有過脊椎的軟體生物一樣。
不過，在你們的身後，在你們爬行過的地方，必將留下一條令人噁心的印跡。順著這條印跡，最終必然會讓人們看到，你們那醜陋的嘴臉！

吳有水、施明磊

這種被強行指定辯護律師的事，當然不僅僅只是發生在我兒子和程淵他們三個人的案子上。之前有過，現在有，今後還在繼續被發揚光大，被當成是一種「先進」的「辦案經驗」在傳承著。

二〇二〇年五月二十日，我和施明磊再次到了長沙市司法局。

既然，給程淵和我兒子他們三人辯護的，不是法律援助中心指派的律師，那麼就是非法律援助律師了。根據司法行政部門和律師協會的規定，像我兒子和程淵他們這樣的案件，是屬於應當「彙報備案」的重大敏感案件。

我們這次來長沙市司法局，就是要求長沙市司法局公開上報備案資訊。看看有沒有律師對受他們三個人的委託進行辯護有過彙報備案。

長沙市司法局的一位工作人員接待了我們。這位工作人員針對我們依法提出的申請，回答說根據法規的規定，在十五個工作日內回答我們。

我知道，他這就是在拖時間，能拖一天就是一天。

從司法局出來，我們又去了長沙市律師協會。結果，長沙市律師協會的一位工作人員答覆我們，說律師協會是民間團體，不是政府資訊公開的對象。我聽了，立即發笑，讓施明磊對我進行錄像，當作那位工作人員的面，告訴她政府資訊公開的規定——政府資訊公開的對象，也包括行使具有一定行政職能的單位，例如律師協會！

無奈之下，這位工作人員讓我們先退出辦公室，讓她們先找找看。所謂的退出辦公室讓她們找，也就是她們需要向領導彙報，怎麼對付我們。

果然，當她們請求完畢後，又叫我們進去，然後告訴我們說：沒有收到這方面的彙報備案！

這就奇了！接到如此重大的案件，居然敢不向上彙報備案——說明這六位律師的膽子很大！否則，一但被司法行政部門查到，那必然是會被罰得顛三倒四的！這能說明，他們的「後台」很硬！

因為案件已經退回到偵查部門補充偵查，所以我們再次來到長沙市國家安全局，要求告知程淵和我兒子他們三人的辯護律師是誰。

正如事先所預料的那樣，除了一陣爭吵，看看那些國家安全部門的人耍耍威風之外，沒有任何的進展。

鐵桶般的緊密，讓我們根本就無從知道，自己親人的辯護律師是誰。我，作為我兒子在第一時間委託的辯護人，卻突然之間被我的兒子解除了委託，而被一位未知未識的、如此隱姓埋名、不求報酬的律師給奪走了辯護權！

這個人，難道真是讓我兒子認為，比他的親父親還值得信任嗎？我更加渴望找到他！我必須看看，他是一個怎麼樣長得三頭六臂的人！

但我的所有的努力，似乎已經走進了一條死胡同：家屬自己委託的律師被強行解除了委託，辦案單位拒絕透露任何有關自己親人的任何情況，被強行加給自己親人的所謂「辯護律師」又如空氣般地存在，根本無從知曉。

他們三人究竟怎麼樣了？有沒有遭受刑訊？身體狀況還好嗎？精神狀態怎麼樣？冬天需要寒衣嗎？夏天需要短褂嗎？

甚至，就連他們是生、是死，都無從知道！一切，都被當局似鐵桶般地密封著……

二十七、法院：你所查詢的案件不存在！

這意味著，今後他們何時開庭，什麼時候會判，又將如何判，判了之後又會送到哪？這一切，我們都無從知曉！法律規定他們所應當享有的一切權利，都被剝奪得一乾二淨！

可是，我作為一名律師，卻對自己的兒子，處於這種完全違反法律規定的、連最基本的人權也無法保障的境地，也無可奈何！

喊，喊不得；叫，叫不出。就連我在自己的微信上，發個朋友圈都發不出！

我的新浪微博，註冊了被封，再註冊，又再封。我的微信公眾號，也連被封了兩個，導致我自己也無法再註冊——最後，只能借別人註冊號來發聲。但是，儘管我再小心，盡一切努力避免任何可能導致文章被刪除的語言、文字，可還是不可避免地會被刪除。

即便沒有被刪除，有關部門也隨時會盯著我，隨時敲打我，提醒我注意，除非不想繼續從事律師執業了，除非，不想過所謂「自由」的生活了——和我兒子一樣，進入那密不透風的高牆之內，或者，被「失蹤」！

我知道，我隨時都面臨著這樣的危險。因為，好多年前，就有有關部門秘密地對我進行過調查。二〇一五年的「七〇九事件」發生後，也被我所在地的蕭山公安的國保，連續三次找去喝茶過。平時，我的身邊似乎風平浪靜，但我一有什麼稍微大點的活動，他們就會立即緊張起來。

想起有一次，因為中美貿易戰開始，我所在地蕭山是典型的外向型經濟發展地區，也就是大多數企業都是靠出口生存的。中美貿易戰，不可避免會對這樣的經濟產生巨大的影響。區裡的政府商務部門，準備請人為全區出口型企業的管理人員搞一次講座，讓他們明白一下中美貿易戰可能會產生的影響與後果。

我自己花錢，請了對中美貿易比較瞭解的賀江兵先生來給他們講課。講課的內容事先也已經確定好了。結果，正當我和賀江兵先生在對PPT作最後的完善的時候，主辦這次講座的單位領導突然跑來對我說：剛才公安局的國保部門打電話來了，因為他們聽說這次講座也是由你的律師事務所協辦的，說是不能舉行！

但是，一切都已經準備就緒了，所有的通知也已經發下去，再取消也來不及了，這讓舉辦單位很難辦，一時不知如何是好。

最後，我讓舉辦單位的領導告訴國保部門，這次講座，跟我沒有任何關係，我只不過是幫主辦單位請了講課的人而已。我也不會出現在講座的台上，更不會發表任何的講話，只是會坐在下面跟著聽一聽。

舉辦單位也確實覺得現在講座都即將要開始了，突然叫停，如何去告知那些前來聽課的人？

經過再三的溝通，在確保講座時不會出現我的名字，出現任何與我有關的內容之後，終於講座能如期地進行了。

想不到，講座進行到一半時，正好有一位朋友出獄之後來看望我，我到賓館的房間裡去和他聊天。舉辦單位的領導突然打電話來給我，說讓我趕緊過去。

我過去之後，他對我說，政府的領導很生氣，要求立即停止講座！

於是，又被領導叫停了——因為講座的內容，不符合宣傳「中國強大」、「中國不戰可勝」的要求。在政府領導人的眼裡，中美貿易戰，美國只能是「搬起石頭砸自己的腳」，最後乖乖認輸投降的，怎麼可能會出現反而是中國處於不利的局勢呢？

第二天，我讓妻子開車送賀江兵先生去了機場——這時，我聽到有人說，賀江兵被抓了！我不相信，後來，打電話給賀江兵先生，問他是否安好。他回答，什麼事也沒有發生。

事後，這次講座主辦單位的領導，很有感慨地對我說：想不到你吳有水，是如此地讓他們害怕，如此讓他們誠惶誠恐。

我想：我真的那麼令人害怕嗎？我並不覺得，只是，這幾年來，他們禁止媒體對我進行任何採訪，又好像我的言論，確實會「危害國家安全」一樣。

危害國家安全，與其說是他們強加在我頭上的一頂帽子，倒不如說是他們自己給自己嚇唬自己的一個理由。

我知道，我一切處於一種被嚴密監控之中。有一張無形的大幕，把我死死地籠罩著，讓我處於毫無抗爭之力的境地。

可是，人算不如天算。

也許，正如西方人所說的：上帝給你關上了一扇門，總會為你打開一扇窗戶。

施明磊從長沙市檢察院處得知案件已經移交到長沙市中級法院，就約我一起去長沙。於是，我又準備好了為我兒子辯護的所有手續，到了長沙與施明磊會合。

這一天，是二〇二〇年的七月十三日，距程淵、我兒子、劉大志他們三人被抓，馬上就是滿一年了。我們到了長沙市中級法院，先去查詢窗口查詢他們的案子，是哪個法官審理。

我們把三個人的名字交給查詢人員，查詢人員將名字輸入之後，告訴我們：沒有這個案子！

當時我聽說沒有這個案子時，先是懷疑施明磊得到的消息，是不是不正確？但經再三證實，案件確實已經從長沙檢察院移交到了長沙市中級法院後，我們很確切地告訴立案庭的法官：長沙市檢察院確定，案件就是到了長沙市中級法院，而且已經至少十好幾天了！現在，我需要提交辯護手續，你們應當告訴我辦案法官是誰，不然我向誰去提交辯護手續？

中國法院受理刑事案件，一般先由立案庭立案，然後分配法官，也就是決定由哪些法官來審理，立案庭後都會錄入電腦，有關該案件的一切進展，都會隨時錄入。所以，查詢窗口只要輸入當事人的名字，案件的進展情況都會一目瞭然。

但是，查詢人員的電腦系統裡，確實查找不到這個案件。

最後，還是一位姓羅的女法官——聽別人叫她羅庭長，又讓另一工作人員，拿出一個檔袋，然後從檔袋裡抽出東西來看了一下，然後告訴我們說：

「你們去找趙喆法官，這個案子他負責辦理。」

「我們怎麼和他聯繫呢？」我們問。

她告訴我們一個辦公電話。於是，我和施明磊分別開始打這個電話。

電話是一位女的接的，她說自己是書記員，但不是趙喆法官的書記員。趙法官的書記員不在。

過了一會，我再打，結果，這回在了。但是，趙喆法官的書記員告訴我說：她在電腦系統裡找不到這個案子，讓我們直接聯繫趙喆法官。而趙喆法官現在不在辦公室，也不知道去哪了。

總之，一整個下午，每次打通電話，都說趙喆法官不在辦公室。書記員又拒絕下來接收我的辯護手續，因為她的電腦裡，根本就不存在這麼個案子！

無奈之下，我只好把為我兒子辯護的手續讓轉交材料窗口的工作人員轉交給趙喆——希望，我能自己親自為我的兒子辯護。

第二天，這二〇二〇年七月十四日。

我們又打那個辦公室電話，這回，電話卻始終無人接聽了。

這時，我們得到了一份法院內部的通訊錄。根據通訊錄，我打了法院負責刑事審判的一位副院長的電話，告訴他我是一位刑事案件被告的辯護律師，需要提交辯護手續，可是始終聯繫不上辦案的趙喆法官。

這位副院長說，可能正在開庭吧，你可以先發手機簡訊和他聯繫。於是，給了我一個趙喆的手機號碼——其實，這個號碼，在那份通訊錄上也有。

我編輯了一條手機簡訊，告訴趙喆法官，我是吳葛健雄的辯護律師，現在需要提交辯護手續，希望能在方便的時候，聯繫上他。

但是，沒有任何的消息回覆。

我們又到了法院，始終還是得不到有關法官的任何消息。於是，又轉向法院的政治部、紀檢部開始投訴，都說這事不歸他們管，讓我們去信訪辦。到法院的信訪辦公室去投訴，結果，信訪辦的人都躲避，最後人都跑得一個不見了。

但是，我們這樣投訴的效果，很快就顯現出來了，那就是：我和施明磊再打法院的任何一個電話，都無人接聽了！即使我們換著手機號碼打，也還是一樣，電話無人接聽！

後來發展到，不僅我和施明磊的電話無法打通法院的電話，就是連用我們身邊人的電話打，也都一樣——電話無人接聽了！

我不得不感嘆中國通訊技術在這方面的先進性！

二十八、竊賊，原來是你們！

我不願意把時間就這樣白白地消耗在法院，就對施明磊說：我們去看守所吧！

自從程淵、吳葛健雄、劉大志三人被關進湖南省國家安全廳看守所後，我們幾乎就每一個月都要來一次長沙，每次來長沙，最後也都會到這個看守所。送衣物、送書，想著法子送各種各樣的東西。

我們希望，通過送東西，能夠讓他們知道，我們還一直在關心著他們。另一方面，也多少能從接待人員的口中，得到微些的，有關他們的資訊。雖然只是微些的資訊，但對我們來說也是一種寶貴的資訊，總比一無所知要好吧。

當然，我們每次來送東西，並不都是很順利的，甚至會發生激烈的衝突。因為，裡面的人不願意我們去送東西，一開始說是，我們不能往裡面送任何東西，這是他們的規定。後來經我們向他們解釋法律的規定，他們又說是我們送的東西，完全是多餘的，裡面都有。

但是，我們依然堅持著，每次必送。

大概是五月份那次吧，因為正在疫情期間，我和施明磊又買了些口罩，還有些春天穿的衣物，來到了看守所的門口，裡面出來一位領導模樣的人，說是疫情期間，拒絕送入任何東西。

我們說，我們送的這些東西，都是剛

吳有水律師攝於湖南省國家安全廳看守所門口。看守所外沒有武警站崗，也沒有鐵絲網，連個單位名牌都沒有，看上去就像一個富人居住的小區。

買的，而且還帶來了酒精，進行了殺毒。如果他們不相信，我們還可以再當場對這些衣物進行噴灑酒精。

但是，他還是堅決不答應！

這時，施明磊和他爭執了起來，同時拿出手機對他進行錄像。他憤怒了，大聲地交待旁邊的人：「今後就是一根頭髮絲也不能送進去！」

施明磊舉著手機向他走去，他趕緊從那大鐵門中的一個小門躲了進去。

不一會，又出來一名工作人員，對我們解釋為什麼不能送東西。然後，那大鐵門又開了條縫，從那條縫裡鑽出了五六名身穿黑色制服的大漢，一個個雙手靠背，面對著我們站成一排。似乎只要聽到一聲令下，隨時對我們動手，讓我和施明磊感受一下無產階級專政的力量，嚐嚐人民民主專政的鐵鎚。

也許，他們以為，只要他們這麼一「亮劍」，我和施明磊這兩個「專政對象」就會嚇得當場尿褲子。

我很想當即把他們這威風凜凜的樣子拍下來，可惜，另一位看守所的工作人員，立即將他們趕了回去。

交涉的結果是，這位看守所的工作人員同意象徵性地收下了我們送的口罩和部份衣物，我們也同意，留下部份衣物可以不送。

這次衝突，結束了每次我們來送東西，都會被找各種藉口無理阻攔的歷史。自此以後，每次都相對來說，比較順利了。

這次，我和施明磊再次來到了這家看守所的門口。

這是一家外面沒有掛任何牌子，也無其它標示的看守所。甚至，就連居住在其旁邊的居民，都不知道，這竟然是一座看守所！

那兩扇鐵製的大門，是銅黑色的，只要打開其中一扇，就足以讓一輛小車自由地進出。在這大門之中，又開了一扇小門，在大門不開時，供人員進出。門裡面的建築物，從外面看起來有似於只是較好的民宅。不像別的看守所，雖然也有大鐵門，但總是有站崗的武警、有鐵絲網、大門上還會掛著某某看守所的牌子，然後還不時能看到警察進進出出。而這裡，這些能標誌著是關押嫌疑人的地方的任何特徵都沒有。如果你路過了，只會以為這不過是一個富人的住宅社區而已。

而這就是，湖南省關押重點政治犯嫌疑人的地方！

我和施明磊正站在門外等待著裡面的工作人員出來接待我們時，那小門突然開了，但出來的卻不是裡面的工作人員，而是三位西裝革履，手提工作包的男子。其中有一位對我瞟了一眼，這一眼，頓時讓我的心中一驚。當他們走過的時候，我立即對施明磊說：這可能就是程淵他們的辯護律師！趕緊過去把他們的像貌拍下來，讓長沙的律師朋友認一認他們是誰！

施明磊似乎也是心有靈犀，或許，她也有著和我同樣的感覺。於是，立即趕過去。此時，這三位已經上了車，開著車走了。施明磊只拍下了他們的汽車牌照。

有了汽車牌照就好辦！從汽車牌照查人，看看車的主人是誰，如果是律師，那就幾乎可以肯定程淵和我兒子、劉大志的官方指定的辯護律師就是他們了！

因為，這整個看守所，很可能也只關押著他們三個人！

從看守所回來，我們就開始想著辦法根據汽車的牌照來查人。結果，無法查找。最後，只能讓施明磊再通過別的辦法，去查找了。

幾天之後，施明磊電話告訴我說，她查找到了四位律師的名字和電話號碼，他們分別是：湖南真澤律師事務所的龍雄彪、周鐵群；湖南弘一律師事務所的陳宏義、陳汝超。其中，龍雄彪、周鐵群可能是程淵的辯護律師，而陳宏義、陳汝超則可能是我兒子吳葛健雄的辯護律師。

第一時間，我打電話給陳宏義，電話一接通，我直接問：

「陳宏義律師嗎？」

對方回答是的。

然後，我直接問：

「吳葛健雄他的案子怎麼樣了？」

我這樣問的目的，是有我的意圖的：如果他不是吳葛健雄的辯護律師，會立即回答我不是，如果是，則在這麼短的時間內，除非經過特別的訓練，在還根本不知道打電話的人是什麼人，居然知道是他在為吳葛健雄辯護——因為他知道大家都在為此保密，非「自己人」是不可能知道的，因此不會產生警惕的心理。

如我預想的那樣，他直接回答我：「案子七月十四日上午已經開過庭前會議了。」

他的回答，確定了他就是吳葛健雄的官方指定辯護人了，而且就在七月十四日上午，我和施明磊都在法院的那一天，開了庭前會議。我又問：

「案子什麼時候開庭定了嗎？」

「暫時還沒有，」他回答完，似乎想起了什麼，立即問我是誰。

然後，我告訴他，我是吳葛健雄的父親。

這是我唯一一次和他通話，因為之後，他就再也不接我的電話了。

確認了陳宏義之後，我立即又打陳汝超的電話，電話接通後，沒等對方問我是誰，我就直接說：

「陳汝超律師吧？聽陳宏義律師說，你也是吳葛健雄的辯護律師？」

之所以假借陳宏義的名義說，這是為了防止他直接否認。而提到了陳宏義——他的上司說的，就解除了他的防範心理。

他立即說：「是的，是的。」

然後我主動告訴他，我就是吳葛健雄的父親。顯然，他是知道我的，立即開始說起客套話。我就開始問他一些有關我兒子案情的情況。

他拒絕了，告訴我，這些東西都是不能說的，只是問我：

「你知道你兒子都幹了些什麼嗎？」

「當然知道，」我回答，「無非就是做一些公益活動，難道這也構成犯罪嗎？」

「你不瞭解，」他說，「我也不能告訴你他做了些什麼。」

他是我兒子的辯護律師，但不能告訴我，也就是他當事人的父親，他的當事人究竟做了什麼大逆不道的事。

於是，我表示希望能與他保持聯繫，我兒子的案子有什麼新的進展，請隨時告訴我。如果法院通知開庭，必須提前告訴我，我要去旁聽。

「旁聽估計不行，」他說。

我說，我兒子的案子又不涉及國家秘密，也不可能涉及商業秘密或者什麼個人隱私，怎麼不能旁聽呢？再說，能不能旁聽那是一回事，但什麼時候開庭，是必須要告訴我的。

此後，我就開始隔三差五地給他打電話，詢問什麼時候開庭的事情。

還好，每次我打電話，他還能接，只是問到開庭時間，永遠都只是：還沒有接到通知。

施明磊的運氣，似乎比我差多了！因為她一打電話，就表明了自己的身份，於是對方就直接把電話掛了。此後，再也沒有聯繫上程淵的兩位辯護律師。

於是，我們準備採取行動。

八月，程淵的哥哥和嫂子到了長沙，我也去了長沙和他們會合。這次去的目的很簡單，就是找到程淵兩位官方指定的辯護律師。

我到了長沙後，對程淵的哥哥說：去真澤所，當面去找兩位律師。

程淵的哥哥告訴我說，昨天他們已經去過了，但是所裡的人告訴他們，不在！

於是，我又單獨去了真澤所。

我以一位當事人的身份，問前台的工作人員，雄龍標或者周鐵群在不在。

工作人員把我引導到小會議室，讓我先等一會，她去通報一下。

過了好一會，這位工作人員就回來了，告訴我說：「他們不在！」從這位工作人員去了這麼久，才來告訴我說龍雄標不在，然後周鐵群也不在，我知道，她在撒謊。因為，如果他們真的不在，她不會要我先等一會，讓她去通報，然後這麼久才來告訴我說，他們不在。

於是，我離開了這家律師事務所。

從網上公開的資料可以知道：

龍雄標，中共黨員，黨支部書記；

周鐵群，中共黨員；

陳宏義，中共黨員，黨支部書記。

陳汝超，是不是中共黨員，暫時還不知道。

二十九、秘密的「公開審判」

九月份，我和施明磊再去真澤所，前台的工作人員再次把我和施明磊引到那間等候室，過一會，告訴我們說，龍雄彪開會去了。於是，我們就問周鐵群在不在。她的回答是在的，我們說那周鐵群也行。

結果，等她再次過來的時候，卻說，周鐵群也不在了。

不在，也在那裡等。這是施明磊的性格。如果是我，我就會走，因為我覺得這樣耗時間沒有多大意義。但是，施明磊不同，她的性格是：你越想早點打發我走，我偏不走。在檢察院時是這樣，在法院時也是這樣，現在到了這家律師事務所，也還是這樣。

她的這種耗功，是令我佩服的，因為需要有耐心。

事實證明，至少這一次，她的策略是成功的。因為到了中午，我們還沒走。而這是吃午飯的時間了，因為我們一直不走，他們又不好強行拖我們出去，只好找到物業的保安來，問我們為什麼待在這裡不走。

保安聽了我們在這裡是等著見自己親人的辯護律師，而辯護律師一直躲著不見後，也就走了。而此時，我出去走動了一下，很蹊蹺地發現，就在我們坐的那間等待室的旁邊，有一間小屋子，裡面是漆黑的，卻有人說話的聲音。

我懷疑龍雄彪和周鐵群就躲在裡面。

這施明磊也走出來了，大聲責問龍雄彪、周鐵群既然接了這個案子，搶著要做程淵的辯護人，為什麼就不敢出來見見自己當事人的親屬？

這時，有一位長得有些四肢發達，但明顯大腦發育不良的男子，說要報警，因為我們擾亂了公共秩序，讓警察來抓我們。

這一下，把施明磊給惹惱了，她立即讓我給她拍視頻，她開始當場演講起來。經過一番慷慨的演說之後，結束了這次探訪。

下午，我把這條視頻發了出去，就不斷地有人來為之說情——說龍雄彪、周鐵群並不是程淵的辯護律師。

如果真不是，他們為什麼就不敢出來，當面向我們說明一下，而是一直躲著我們呢？

如果他們真的不是程淵的辯護律師，那肯定就是劉大志的辯護律師了！

從這家律師事務所出來之後，我也給吳葛健雄的辯護律師陳汝超打了個電話，電話裡，他告訴我，程淵、我兒子、劉大志一案，在上個星期已經開過庭了！

這真是一個意外之中的意外！

因為，這段時間，施明磊為了防止長沙中級法院偷偷開庭，所以天天在互聯網上盯著長沙市中級法院的開庭公告，一旦有他們的開庭公告，就立即趕往長沙。而我，也在每隔幾天就給陳汝超打電話，詢問有沒有得到開庭的通知，每次的回答也都是暫時沒有。現在怎麼就說，上周即已經過過庭了呢？

於是，我們又趕往長沙市司法局。

一是，上次我們提出政府信息公開，要求公開有哪些律師向司法局備案了受理了程淵他們一案的辯護事務，司法局當時說事後會答覆的，他們並沒有答覆。現在，我們已經知道了部份辯護律師，而且案子開庭了，居然在開庭之前沒有告訴我們任何一個家屬。法院不通知，尚還說得過去。但是作為當事人的辯護律師，在開庭之前，你總得告訴一下當事人的家屬吧？這幾位辯護律師是不是違反規定？用不正當手段強行攬取程淵和我兒子他們這個案的辯護業務，在攬取了業務後，又不與當事人的家屬聯繫，辦理委託手續，而且一直對當事人家屬進行隱瞞，連開庭也不告知一下，所以，我們決定去司法局進行投訴。

到了司法局，自然，所謂的信息公開，他們說是沒有，於是我們又在投訴中加上一條，受理敏感案件，不按規定向司法行政機關彙報備案。

長沙市司法局的一位看起來啥都不懂，卻又裝出啥都懂的小年輕給我們做了筆錄，然後裝模作樣說，他們會依法依規處理的。

我當然知道，這樣的舉報是沒有任何作用的，因為那些律師，就是在他們的安排下，去完成黨交付的神聖使命。

但施明磊偏要去這麼做，用她的話來說，就是要「噁心」一下他們。

這個他們，是指長沙市司法局的人。這些人，經我們第一次來，被施明磊教訓了一通之後，似乎乖多了。但我們知道，我們每次來，他們都像是見到瘟神一樣。但他們越這樣，施明磊就越覺得越有必要讓他們感受這種難受。

中途，我離開長沙，去了成都。施明磊也去一位朋友家暫住。晚上，我接到程淵姐姐的電話，說是施明磊的電話，一直打不通，她懷疑施明磊已經被控制起來。我也打了施明磊的電話，果真打不通。後來，施明磊回了電話，說是因為做禮拜去了，手機沒開！她告訴我，星期一又去長沙市中級法院，準備在那裡長駐了！

我理解程淵姐姐的這種恐懼，牆外面的人可能根本無法體會這種恐懼。我也一樣，有一段時間，必須天天發朋友圈，那是在告訴我的親人和朋友們，我暫時還安全。如果隔上一兩天，沒有看到我發朋友圈，我的朋友們或者親人們就要打電話來問我：「你還好吧？」

當聽到我還好，還沒有被抓走時，他們才會暫時心安。這，就是我生活的這片生我、養我的土地！

接到施明磊的電話，說是長沙市中級法院不讓她進了！邪乎！哪有法院不讓人進去查詢自己親屬案件的道理？那你法院設那麼個查詢窗口，難道就是個擺設嗎？

於是，我決定再次去長沙！

程淵的姐姐，也從南京趕到了長沙，我也從成都回到了長沙。長沙市中級法院的門不讓進，咱就去湖南省高級法院吧！於是，我和施明磊，還有程淵的姐姐、程淵的女兒豆豆，一起到了湖南省高級法院。

到了湖南省高級法院，他們說這事，他們管不了。最後經過再三說明，你高級法院沒有權力干涉下級法院的審判，但你可以監督他們在程序上的違法行為啊！哪有不讓當事人自己委託辯護律師的道理呢？

於是，他們終於答應瞭解一下，讓我們告知當事人的名字，結果，他們輸入系統之後，說整個湖南的法院，都沒有這個案子啊！

我的上帝！這個案子都已經開過庭了，在整個湖南的法院系統裡，卻沒有這麼個案子！這是一個什麼鬼道理啊？

高級法院不管用，我們又去湖南省檢察院，要求湖南省檢察院履行監督職能。結果，在湖南省檢察院的信訪室，填表什麼的，做完之後，又是回答這個案子他們管不了！經再三爭取，終於說，好吧，讓他們調查一下，到時答覆我們。

到了十月十五日，我們再次來到長沙，去了湖南省監察委控告長沙市檢察院，長沙市中級法院，長沙市司法局的有關人員和辦案人員，控告他們非法剝奪程淵他們三人的受辯護權。登記之後，又到了湖南省檢察院控告。

正如我所預料的那樣，所有的控告，其實都如同一片雪花，落在水面上一樣，既濺不起一滴水花，也聽不到一點響聲，甚至，連漣漪都沒有一絲。

例行公事地又來到了長沙市中級法院。

我先進去，又是到查詢窗口查詢他們三個人的案子，結果也和之前一樣，電腦中查不到這個案子！在我查完，等著施明磊進來的時候，外面起了爭吵的聲音。出去一看，又是長沙市中級法院的法警，在攔住施明磊，就是不讓她進來。施明磊拿著手機，一邊和他們爭論，一邊拍照。

我走了過去，這時也過來了一位領導模樣的人，這人把施明磊手中的手機搶了過去。施明磊急著讓我打一一〇報警，我沒有打——我知道他們都是半斤和八兩關係的警察，你報警有什麼用啊？我只是靜靜地盯著那位搶手機的領導模樣的警察，然後說：把手機還給她！

這領導模樣的人看了看我，把手機還給了施明磊。後來，我才知道他是長沙市司法警察支隊的政委，也就是司法警察支隊黨組織的頭目。

結束爭吵後，大家一起到了外面的等候廳，那位領導模樣的人就坐在我身邊，跟我解釋，他們是如何如何地無可奈何。我說，也不想為難他們，就讓他和趙喆法官打個電話，問問程淵和我兒子他們的那個案子怎麼樣了。

於是，他走開去打電話了。過了一會，回來對我們說：這個案子已經公開審理過。還「公開」審理了！

天啊！剛才我還在立案大廳的查詢窗口問了，說是沒有這個案子！施明磊之前也天天盯著長沙中級法院的公告，所謂這個案子「公開審理」前後十幾天內，都找不到這個案子開庭審理的公告！

明明就是偷偷摸摸秘密開庭，趙喆居然還有臉說是「公開審理」，估計，之後的宣判，也是會這樣地「公開」的！

離開法院後，我們又回到了法院對面的一家小旅館。前台的工作人員告訴我們說，昨天晚上我們入住的時候，有兩位警察來查了我們的情況。

我們知道是國安局的人，於是，告訴旅館的工作人員說，別怕，那是國安局派來保護我們的。

所有的跟蹤、監視，當你不把它當回事時，它就不是回事！因為，我們的一切，都是公開的，我們也從來不想，也不會做什麼見不得人的事！

這次，還是例行去長沙市司法局打卡，名義上是去詢問上次我們投訴的事，有沒有處理結果，實際上，用施明磊的話，就是去「噁心」一下司法局的那幫人。

不知道是走漏了風聲，還是他們有人從我們的朋友圈上看到我們又來長沙了，所以當我們到了長沙市司法局的時候，所有的領導，居然都不約而同地「外出辦事」了！只留下兩位大腦還沒完全發育的小年輕，在那裡吆三喝四地。謝陽律師也來了，他被吊銷了律師執業證，如今正在就吊銷律師執業證這事，申請覆議呢。最後，那幾位大腦尚未發育全的年輕人，在領導的電話指示下，又再次一本正經地假裝給我們做了一次筆錄。

第三章　兒子，你再也看不到媽媽了

三十、案子如何判決，在等安全部答覆？

當我們再次來到長沙時，已經是十一月底了。

我們還是先到了長沙市中級法院，又是詢問窗口去查詢他們三人案件的情況。長沙市中級法院的電腦系統裡，當然依舊如故地，查無此案。

不過，這次他們沒有再攔施明磊了，所以也就沒有和法院的法警再作糾纏。依然是去看守所打了卡，看守所的警察告訴我們，我們所有送的東西，他們其實是不會送給程淵、我兒子、劉大志他們的，但會在他們離開看守所的時候，打包讓他們帶走。如此看來，我們之前的願望都是落空的——我們之所以要堅持每月一送，就是想讓裡面的人知道，我們一直在關心著他們！而看守所裡，卻不將東西交給他們，自然也不會跟他們說我們來過了！

我說，他們的案子怎麼這麼久也沒判下來？

有一位接待我們的警察說，法院正在等待國家安全部的答覆呢！長沙中級法院已經彙報上去了，怎麼判，還要看最終怎麼答覆。

瞧！這就是中國法院的獨立審判——哦，我忘了，中國是堅決反對三權獨立的！

晚上，因為文東海律師——嚴格來說，他已經不是律師了，因為他的律師執業證，也被湖南省司法廳給吊銷了。當晚他請客，於是，晚上我留了下來，參加了這次宴席。

宴席上總共有十好幾個人，其中，有張磊律師，還有被吊證的文東海律師、謝陽律師，同時還有幾個是被註銷律師執業證的律師。另外還有幾位，其中有一位我是見過幾次面的小伙，他，叫歐彪峰，也叫小彪子，是一位比較活躍的民間維權人士。就在這次喝酒過後才幾天，他就以「尋釁滋事」的名義被行政拘留了，接著，很快又被以涉嫌「煽動顛覆國家政權罪」的名義，失去了自由。

我又從長沙回到家，已經是十二月初了。妻子急切地問我有關兒子的情況。

每次我去長沙回來之後，她都這樣，總想更多地知道一點兒子的情況。

可是，每次我的回答，都是同樣地讓她失望。

我有什麼辦法呢？其實，我不也是一樣嗎？只不過，每次我去長沙的時候，心中是並不抱著希望的，所以，我的失望，沒有她那麼嚴重。

自從兒子被抓之後，她總是埋怨我，說兒子是被我害的。

我不作任何的辯解，因為，我也無從辯解。從某個程度上來說，兒子的今天，也確實是因為我這個做父親的，一沒有給兒子創造一個安全的環境，二沒有能力保護自己的孩子，甚至，就連自己是個律師，在兒子急切委託我為他辯護的時候，我卻始終無法為他作任何辯護！

每天晚上，我從辦公室回到家中，首先跑出來迎接我的，是帥帥。帥帥，是我家的一條邊境牧羊犬。每次我回家，只要一聽到我的聲音，總是牠歡天喜地地跑出來，迎接我，往我身上爬。如果我離家的時間長了，牠還會在我身上爬過之後，對著我吠個不停。我妻子解釋說，牠的意思是在罵我怎麼這麼多天不回家。

有時，我妻子會威脅牠，不准牠對我好，否則就讓牠去做流浪狗——雖然，牠會暫時猶豫一下，但依然還是會小心翼翼地來到我身邊，對我表示親熱。

帥帥，是我從瀋陽買來的。

之所以要從那麼遠的瀋陽，買一條狗，又通過飛機託運到杭州，是因為我家之前養的一條名叫拖把的喜樂蒂犬，死了。

我妻子之前因為總是一個人在家裡，就一直想養一條狗，作個陪伴。正好有一家人家因為拆遷，狗沒地方養了，於是，我妻子就把牠帶了回家。

剛帶來的時候，我覺得牠很醜，嘴巴長得那麼尖，而且，個頭也偏大了點。但是，在第一次看到我時，牠似乎就知道我將是牠的主人似地，在車子裡趴著車窗拚命地跳，那興高采烈的樣子，真的讓人不忍將牠冷落。

在原來的主人家，牠的名字叫莎白。我覺得，這是個女性化的名字，而牠是一隻雄性的狗，於是，我決定，以後就叫牠拖把——因為毛那麼長，看起來就像是一個大拖把！

拖把來我家後，一開始很膽小，只敢在客廳裡待，主人不叫牠，牠是絕對不敢進入房間的。我們在房間時，牠就趴在房間門外，兩眼可憐巴巴地看著我們。有時，偶爾會把頭伸進來一點，試探著主人的態度，如果主人沒吭聲，或者眼色不那麼兇的，牠就又試探著再伸進來一點。那可憐的模樣，確實讓人覺得很搞笑。等到主人叫牠進來了，牠立馬站起來，搖著尾巴，快樂地跑了進來。

後來，我妻子就乾脆就把牠的窩搬進了臥室，讓牠和我們一起同住一個臥室了。這條牧羊犬，從此也就成了我妻子片刻不離的伴侶了。

牠就是愛和人在一起，我們走到哪，牠就要跟到哪。有時出去，實在不方便帶上牠，牠就會在家裡大聲地嚎哭，那哭起來的聲音，很悲壯，實在是讓人很心疼的。後來，只要我們出去，都要把牠帶上，免得牠的那種悲壯的哭聲，讓鄰居們認為我們在虐待牠。

牠實在是很聽話。讓牠坐下，牠便坐下，不叫牠起來，牠會傻傻地坐在那裡坐半天。有一次，我讓牠坐凳子上，別動，於是，牠就跳到凳子上坐下了。後來我忙著忙著忘記叫牠下來，結果，等我忙完後，才發現牠還坐在那裡。於是，我趕緊拿根牛肉條，獎勵牠一下，然後叫牠下來。

牠也很善良，從來不欺負比牠弱小的東西。那年，我妻子不知從哪弄了只小兔子來。這小兔子就愛竄到牠的身邊去，把牠尾巴上的毛，當成野草來啃，啃得牠痛得嗷嗷叫，但也不會凶小兔子一下，最多只是躲得遠遠的，避開牠。我家那時還養了一隻小鸚鵡，也喜歡欺負拖把，總是飛來飛去追著牠，然後站在牠的頭上，甚至頑皮地啄牠的鼻子。我們叫牠別動，牠就不動，看小鳥啄牠時牠那怪異的表情，就像是受了天大的委屈似的。

不管誰家的小孩，見了牠，都喜歡欺負一下牠，比如拽牠幾根毛之類的，牠除了躲起來之外，絕不敢叫一聲，嚇著小孩。

牠的感情總是那麼忠誠。有時帶牠到大街上，看見牠的老主人，牠立即會很興奮地跑過去，亂蹦亂竄地直往老主人的身上撲，不管過了多少年，牠總能認出牠之前的主人。無論是誰，只要給過牠東西吃的，牠都會記得。曾經給過牠東西吃的人，如果再次出現，牠就會走過去用牠的爪子輕輕地碰他一下，打個招呼，然後用牠那很天真的眼神盯著他看，那意思簡直就是在問：今天怎麼沒帶好吃的來呢？

如果是在家裡，只要給過牠吃的人從門口經過，牠都要大聲地叫喊，表示歡迎，從來不會忘記。每次我回家，牠也總是用這樣的方式歡迎著我，對著我叫，然後在我身上蹭來擦去，仿佛久別重逢似的。

牠想吃東西了，就會跑過來對著你看，然後舔舔舌頭。如果你問牠：是想吃狗糧嗎？牠就開始叫了！邊叫，邊跑，要你跟著牠去。然後，牠會用鼻子去碰一碰裝狗糧的袋子。

當然，牠最喜歡吃的還是牛肉條。我們總是拿牛肉條來逗牠，要牠做什麼時，做完後，就給牠一根。開水燒開了，牠會叫，讓主人趕緊來灌開水，手機響了，牠會叫，讓主人趕緊來接電話。然後，給牠的獎勵就是一根牛肉條。

牛肉條三個字，是牠的敏感詞，只要一聽到這三個字，牠就不自主地興奮起來。我回到家，如果沒事，就用牛肉條逗牠玩，把牛肉條折成一小段一小段的，然後放在手心裡，捏著，讓牠猜在左手還是右手。一開始，牠只是瞎猜，問牠左手還是右手，牠就會用爪子直接指向牠以為有牛肉條的那隻手，結果，經常會猜空。當看到我把手張開，裡面是空的時，牠會嘆口氣。後來，牠不用爪子來碰了，而是用鼻子來聞，結果，經常被牠猜中。於是，我又事先都把牛肉條在兩手之間搓一搓，這樣兩個手都有牛肉條的味了。這下，牠的這一招失靈了！再盯著我的手看，也許又被牠找到了規律：哪隻手先握，就猜哪隻手，有時是怎麼騙也騙不過，讓牠百猜百中。我又得想辦法，想著如何不讓牠找到竅門。

於是，猜左手右手，成了我每天回家要跟牠玩的遊戲。

一個五一節前，樓上的鄰居回家了，牠聽到聲音又開始大叫，然後我妻子打開門，讓牠出去，跟著樓上的鄰居去了。

也不知道在鄰居家吃了些什麼，第二天就開始一臥不起了。送醫院吃藥打針，花了幾千塊錢，也不見效。最後，醫生說，不用送來了，腎功能已經衰竭，沒辦法救了！

雖然如此，我還是希望牠會好起來。

在牠死的頭天晚上，我下班回家，牠努力地撐著前腳爬了起來，但明顯地，牠的眼睛已經看不見了，只憑聽聲音，左右的尋找著我。我一直以為牠會好的，跟牠說，要好起來哦，好起來了，就有牛肉條吃。牠嘆了口氣，又趴下了。

第二天，發現牠已經死了！

拖把來我們家幾年了？我也忘了，總之，來到我家，確實給我們帶來了不少的快樂。

牠死了，只能給牠進行安葬。

找了個大紙箱，權且作為牠的棺槨，然後，將牠平時喝水的吃東西的碗放進去，再放入平時牠喜歡吃的狗糧，送到鄉下的一個果園裡安葬了。我妻子還買了一些冥幣，在安葬牠的地方燒了。

三十一、我妻子的「乖孩子」帥帥

自從拖把死了之後，我妻子一直想著，從哪再買一條同樣品種的狗。於是，到網上去找，也託朋友去找，可是找來找去，或者，總是覺得有些不靠譜。畢竟，中國的騙子多，一條狗幾千到上萬元，不見到要賣的狗的視頻，總不讓人放心。

終於，我妻子在杭州找到了一家狗販子，說他那裡有喜樂蒂牧羊犬幼犬出售，三千元一條。於是，我和妻子就開車到了杭州下沙，在一個住宅小區裡，找到了這個狗販子。他拿出一條黃白相間色的小狗，說這就是喜樂蒂。

可是，我和我妻子看著，總覺得不像是喜樂蒂的樣子。狗販說，長大了就不同了。最終，我們花了三千元錢把這條狗帶了回家。

等到長到半大不大的時候，明顯就可以看出來了，這條狗不是喜樂蒂牧羊犬，而是蘇格蘭牧羊犬。於是，我妻子有些失望，一心還是想要買一條喜樂蒂牧羊犬，她說，那狗聰明，而這條蘇格蘭牧羊犬，看起來就笨笨的。

我說，既然要聰明，那就買邊境牧羊犬啊，這可是世界上最聰明的狗。

正好有一天，我的朋友圈，有一位朋友發了她家剛出生的不久的幾條邊境牧羊犬的視頻，我就給我妻子看。當她一看到那些小幼狗活潑可愛的樣子，就立即說，這個她要！

於是，我就根據視頻，挑了一條最壞的小狗。因為這條狗在搶吃的時候，竟然還會嘴裏叼着一塊，腳下還踩著一塊。

於是，講好了價格，也是三千元，等到滿月了，就買回來。

滿月之後，狗主人問我如何把狗送過來。我說，通過航空託運吧。她一打聽，航空託運要八百元。我說行，就又轉了八百元的託運費。

記得，狗狗到杭州的那一天，正是二〇一六年的「雙十一」的晚上，也就是由阿里巴巴公司炒起來的網上購物節。我和妻子開車到機場，辦完提貨手續，然後把狗狗提回家時，已經半夜了。

因為之前買回來的那條蘇牧，我妻子不太喜歡，所以就取名為小醜。而這條黑白相間的邊牧，她很喜歡，就取名為帥帥，意思是很漂亮。

帥帥來了之後，倒也一點不把自己當外人，當晚就和小醜親熱起來了。不像別的小狗，領回家來總會叫上幾天。這一點，帥帥和小醜都一樣，只不過帥帥更活潑些，更加調皮，而小醜，倒真的有點像之前拖把的性格。前幾個月，我兒子放暑假，又從學校撿了隻小貓咪回來。我們把小貓咪和小醜關在同一個籠子裡，那小貓咪總是拿小醜的尾巴當玩具，小醜一點也不生氣。最多，有時被弄痛了，牠就會轉個向，不讓貓咪咬。

可帥帥不一樣，什麼東西都要爭。吃食的時候，我們把食物放在兩個碗裡，帥帥一份，小醜一份。可是，帥帥總是會先在自己的碗裡猛吃幾口後，立即跑到小醜的碗裡來吃。這時，小醜也讓著牠，就跑到帥帥的碗裡來吃，才吃一下，帥帥又跑回來了。

於是，每次吃東西，兩隻狗都像玩遊戲一樣，不停地在兩隻碗之間跑來跑去。

有時，我們也會買些大骨頭，專門燉了給牠們吃。一隻狗一塊，總是帥帥搶先吃完了，而小醜卻還有很多，在慢慢地啃著。這時，帥帥就圍著小醜轉悠著，牠也不會去搶，只是圍著小醜轉，然後不知從哪叼上一個什麼東西，往小醜面前一放。這時，小醜總會放下嘴中的骨頭，去嗅帥帥丟給牠的東西。帥帥就會趁機很快地叼起小醜的那塊骨頭，跑一邊啃去了！

每次我去上班，牠們都要向我討吃的。如果不給牠們一點吃，牠們是不會讓我走的。

這時，小醜負責坐在門的前面擋著我，不讓我開門，而帥帥則會站在我前面，用兩眼盯著我。

這時，我會故意問牠們：「想吃狗糧呀？」

一聽到狗糧兩字，帥帥的表情立即興奮起來。

「狗糧在哪？帶我去拿。」我說。

帥帥立即回頭，往放狗糧的地方跑，而小醜也立即站起來，起立著，用前面的兩隻腳推著我走。

帥帥跑到狗糧袋邊上，用鼻子碰碰狗糧袋，告訴我，狗糧就在裡面。

於是，我挖起一杯狗糧，往地上一灑，趁著牠們吃狗糧的時候，趕緊溜出門，上班去。

據我妻子給我看她拍我走後狗狗的視頻，兩隻狗狗在我走後，發現我不在家，還會嗚嗚地叫著，到處找我。

每天早晨、晚上，我妻子都要帶著牠們出去散步。一開始，是每隻狗一根束縛繩，可是，那帥帥太活躍了，總是一出門就像小牛拉犁似地埋著頭往前跑，所以兩隻狗總是不一致。我妻子只好用一根短繩將兩隻狗拴著，然後用一根長繩牽著，這樣，就變成帥帥拉著小醜跑，總算是讓我妻子輕鬆了些。

二〇一七年春節過後，我兒子已經是大學的最後一個學期了。中國一般的普通大學，一般到了最後一個學期，是不上課的，而是讓學生們自己回家找工作單位實習。我兒子說到我所裡來實習，我說那也好。他又說，還要帶著他的女朋友，我說那更好。

於是，我兒子自己在外面租了間房子，又從家裡帶了鍋碗瓢盆和電飯煲的，和他女朋友住在外面了。白天，就在我所裡——幹些什麼，我是不管的。然後，中午和晚上，就回我家吃飯。

因為有兒子的女朋友在了，家裡的飯菜就不能那麼隨意。於是，我就天天負責買菜、炒菜，努力地做到幾天沒有重複。遇上小孩們特別喜歡吃的，我就多買些，或者重複上一兩次。

晚上吃過晚飯，我兒子和他的女朋友，就分別牽著帥帥和小醜，去後山散步了。這下，我妻子可以輕鬆地，吃過晚飯後，和她的朋友們一起跳舞去。

幾個月後，我兒子和他女朋友實習期滿了，又得回到學校，遛狗的任務，又落到了我妻子的身上。

隨著兩隻狗的慢慢長大，我妻子也越來越覺得遛狗是件很辛苦的事情了。因為一出門，兩隻狗都會飛快地跑，拉一隻已經很吃力了，更何況是兩隻?所以，她就總是計畫著，要把小醜送給別人去。

但是，我內心是不太願意的，因為，我總覺得，小醜才更像個紳士。小醜也長有長長的，很潔白的圍脖。而且，牠的四隻腳顯得更細長些，走起路來不似帥帥那樣狂奔，而是有點像花樣賽馬那樣，很優雅地一下一下輕輕地點著地。牠也會倒著走，即使倒著走，也一點不影響牠的那種優雅的姿態。

所以，我決定，以後遛狗，我負責遛小醜，我妻子負責遛帥帥。

遛小醜是一件很輕鬆的事，你只要牽著繩子，牠就跟在你後面，隨著你的速度走，不需要你用什麼力氣。有時，我在後面山邊牽著牠散步時，常常會聽到身後傳來笑聲。等我回過頭，原來是有女孩子們也在散步，於是小醜就倒過身子來看她們，邊看邊倒著走。那模樣，總是讓人覺得很可笑的。

但是，畢竟我並不是常常在家，一旦我不在家，遛狗的全部責任，還是落到了我妻子的身上。所以，我妻子決意要把小醜送掉。

把小醜送掉，帥帥可是決不答應的。

一次在後山遛狗，我妻子對人說想把小醜送給人家。當場有一個人就很想要，於是我妻子就把小醜的束狗繩交給那個人，讓他牽回家去。當那個人拿著牽小醜的束狗繩時，帥帥一下衝了上去，把那牽小醜的束狗繩給強搶了回來，重新把那繩交給我妻子，要我妻子把小醜牽回家。

我妻子明白了，只要帥帥在一邊，是沒有辦法讓人家把小醜牽走的。於是，只好牽回家。

我知道，我妻子想把小醜送給人家的念頭，是無法打消的了。於是，我也決定自己找一個願意領養小醜的人家，這樣，想牠的時候，還可以隨時去看看。

經過打聽，有一位朋友正想領養。

於是，我帶著小醜，開車送到了她住在鄉下的家。

結果，第二天，她就打電話來了，說是要把小醜送回來。她說，這狗狗是可愛，昨晚牽出去散步的時候，村裡的小孩見了都跑來摸牠，喜歡得不得了。可是，一到晚上，就開始哭，哭了一夜，哭得傷心的不得了，實在沒辦法讓人忍受。於是，天一亮，她就趕緊給我打電話，說是要把小醜送回來。

我說，在我家，小醜從來不哭的呀，怎麼到你家就哭了呢？

她說，可能就是想你家唄！

是的，狗也和人一樣，不喜歡離開自己的家。

最終，我妻子還是把小醜送給一位在蕭山做工程的老闆了，最後，這位老闆帶著小醜，回到了他自己的老家，好像是連雲港還是什麼地方，總之是江蘇省的北邊，離蕭山很遠的地方。從此以後，我就再也沒有見過小醜了。

小醜被送走，帥帥表面上看不出什麼傷心，但從牠的表現上，牠還是很想小醜的。小醜剛送走的那幾天，我帶著帥帥散步，牠總是滿地裡嗅，邊嗅邊走，邊走邊不時張眼四處看看，而不是像以前那樣，一路狂奔。

我知道，牠是一直在找，想把小醜找回家。

可是，當牠聽到別人說小醜比牠漂亮時，牠又會不高興。有一次我帶著牠在後山邊散步，坐在路邊休息的時候，讓牠坐在我的身邊。這時同一社區的一位朋友，也停下來和我說話。她問我，小醜怎麼不見了。我說，送給別人去了。

一聽到小醜兩個字，帥帥的耳朵立即動了一下。當社區的朋友說，把小醜送掉，真可惜了，其實小醜比帥帥更漂亮時，帥帥一下跳了起來，衝著我猛叫，而且用嘴咬著束狗繩，使勁地拉我走。

牠是不高興了，因為那朋友居然說，小醜比牠漂亮。

帥帥是真的聽得懂人話的，所以，我和妻子在家裡說話時，要避免許多「敏感詞」，比如說：「出去玩」「開車」「火腿腸」等，只要牠聽到了相關的「出去玩」，都會立即跳起來，要你用束狗繩給牠栓上，然後糾纏著你，要你帶牠出去玩。

所以，有時我妻子經常會趁我在家的時候，故意說：「吳有水，你去開車啊？」「吳有水，你出去玩啊？」然後，帥帥就會立即興奮地跑到我面前，糾纏著我不放。

帥帥平時就睡在我妻子床腳邊上。我妻子睡了，牠也睡，我妻子起來了，牠也就起來。有時，也會因為牠不聽話，我妻子就訓牠。一訓牠，牠就生氣，跑到我房間來睡了。但總是，等我妻子睡著了，還是會又偷偷地溜回到我妻子的房間裡去睡。

帥帥，真的就像是我們的孩子一樣。

以前，我妻子會時不時問牠：吳健雄呢？

牠聽了，就會跑到以前是我兒子睡的房間去，對著以前是我兒子睡的床，用鼻子嗅嗅，然後又回來。意思是說，我兒子以前是睡那床上的。

每次早晨我去上班，帥帥都會趴在陽臺上伸著頭，看著我離開。這時，我必得回過頭，向牠揮手，牠才會安心地下去。如果我忘了向牠揮手，就這麼走了，牠就會對著我妻子不停地叫。

同樣，我妻子每次出去，牠也一樣會趴在陽臺上，如果我妻子不在樓下向牠揮手，牠也會不停地對著我叫。

或許，牠是在訴說，那個主人走了，居然不與牠打個招呼吧！

是的，我家帥帥就是愛管事。如果幾個人一起出去玩，牠也跟著去了。回來的時候，也必須是大家都一起回來。如果有哪一個人要離開去別的地方，牠就會攔住，不讓那個人走。

我想，這也許是牧羊犬的天性吧？

三十二、盼兒歸兮，兩眼望穿！

自從二〇一九年十二月初我從江西回來之後，我妻子似乎就再也沒有罵過我了。只是每天傍晚我下班回來的時候，她總是在床上躺著。

和往常一樣，帥帥搖著尾巴，從她的房間跑出來接我時，我就讓帥帥去叫她起來吃飯。

帥帥會立即跑到她床前，用鼻子拱拱她，意思是她該起來了。如果我妻子不起來，牠就開始拽她的被子，揣她的衣服，直到她起來吃飯。

一般，此時她會已經燒好了飯和菜。她起來後，就從微波爐裡端出已經燒好的菜，然後坐下來吃，時不時又會問起，我什麼時候再去長沙看兒子——雖然，每次去長沙的結果，都讓她失望，但她依然又再次收拾好送給兒子的東西，希望我早點去。

帥帥也會坐在一邊，等著我們給牠好吃的。

我也曾經問過我妻子，大白天的為什麼總是睡覺，這樣對身體不好。

她回答我說，夜裡睡不著。

是的，自從我兒子被抓後，我也總是夜裡睡不好。但我還有許多工作必須要做，還可以分散一下自己的心思。而她則不同，一天到晚，內心想的，總是除了兒子，還是兒子。

因為睡不著，所以她總會很早就起來。然後，騎上自行車，讓帥帥拉著她，在街上遛一大圈。有時，也會到一家有室外電梯的賓館邊上，故意去乘坐賓館的電梯，把帥帥留在電梯外面，讓帥帥去找她。因為帥帥一開始不敢乘坐電梯，所以，牠就只好從樓梯上，跑上去一層一層地找。後來，帥帥也敢乘電梯了——或者，帥帥也懶得去找了，就坐在電梯門口，等著她出來。

早晨遛完狗回來，她就洗衣服拖地。吃過早飯，我去上班，她則坐在電腦前，開始看電視劇，股市開盤了，就看股市行情——因為，她把我給她的錢，全買了股票，然後，天天都關注著股市。這或許，是兒子被抓之後，唯一還能讓她坐下來分心的事了。

大概是十二月二十日左右吧，施明磊又打電話來，約我耶誕節前後去長沙。而我，耶誕節前後，正好有案子要開庭，一個在紹興，一個是廣東惠州的。我告訴施明磊，聖誕節前後是沒有時間了。妻子聽到我和施明磊商量去長沙的事，便又開始嘀咕著，考慮著這次要給兒子送哪些東西了。

誰知，她卻再也等不到兒子回來了！

二〇二〇年十二月廿三日，和往常一樣，我吃過早餐，就準備去上班。

這時，帥帥又跑到我跟前來，討要吃的。我就挖了一杯狗糧，倒在牠的碗裡。我妻子說：

「我已經給牠吃過了，不用給了。」

我趁著帥帥在吃狗糧，離開了家，去了辦公室。

或許，到了十點鐘左右，我的手機響了。拿起一看，是我妻子打來的。我按下接聽按鈕，只聽到我妻子在電話那頭，用一種很異常的聲音對我說：

「吳有水，我不行了……」

我立即在電話裡大聲地對她說：「你趕緊自己先打一二〇，我馬上回來！」

說完，我就往樓下衝，到了路邊，攔下一輛計程車，就往家趕。

一路上，我根本就沒想到，問題有這麼嚴重。當時心裡只是想，她或許有些頭暈之類的。但是當我衝上樓，衝進她的房間時，叫了她一聲，看到她用那無神的眼光看著我時，我頓時覺得大禍臨頭了！急忙撥打了一二〇，之後又按一二〇的要求，探試我妻子的狀況。此時，我妻子的手腳已經根本沒有反應了，再叫她，也沒有任何的應答。

在急切的等待中，一二〇又打電話來了。醫生說，已經到了社區，但不知道我家在哪。

我立即準備出門下樓去接他們。

這時，帥帥完全感覺到了我妻子的危險，看到我要走，牠就攔著我不讓我離開。然後又跑到我妻子的床前不停反覆地對著我妻子拱鼻子，又朝我看看，嘴裏不停焦慮地嗚嗚叫著。我怕等下要上來的一二〇急救人員怕狗，就趕緊想把牠叫出來，想把牠關進衛生間裡。

可是，牠卻不再聽我的指令，就是要守在我妻子的床前。最後，我厲聲地叫道：「帥帥！聽話！到衛生間去！」

牠無奈地，看了看躺在床上的主人，然後走進了衛生間。我趕緊把衛生間的門關上，衝下樓去，接一二〇救護人員。

救護人員上來後，又問我，如何將我妻子弄到救護車上去。因為他們只來了一男一女，也沒帶擔架，把我妻子從樓上送到救護車上去，這得讓我自己來。我沒辦法，只好又下樓，叫了幾個人來幫我，然後用床單抬著我的妻子，上了救護車。

此時，我妻子已經完全沒有任何反應了。我絕望地坐在她的旁邊，對著她，叫著：「葛紅，你要堅持住啊，兒子還沒回來呢！」

但是，她已經再也聽不到我的呼喚了！

救護人員問我，送哪家醫院？我回答，送最近的！因為，我知道這類疾病必須儘快搶救。

車子進入了蕭山區人民醫院。

進了急救室，醫生護士就把我趕了出來，讓我站在門口不要走遠。一二〇的人正追著我趕緊付一二〇的費用，我才交完錢，又有護士出來問：「病人家屬來了沒有？」

「我就是，」我說。

她遞給我的是一堆病危通知單之類的東西。我麻木地按著她指的地方，簽著我的名字。

那護士看了一眼我，又問：「她有沒有孩子？趕緊通知她的孩子來！還有父母兄弟，叫他們趕緊過來！」

「她父母已經去世了，她的兄弟都在江西，兒子，也回不來了！」我說。

「都已經這個時候了，」那護士說，「能讓他們來的趕緊通知他們來！」

馬上，又有護士在叫：「葛紅家屬！葛紅家屬！」

我又衝過去，她告訴我要送去做腦部CT，然後我又到了急救室，一邊幫忙推著我妻子的搶救台，一邊看著我的妻子。此時，感覺我已經認不出她來了。

到了CT室，大夫讓我穿上那又厚又重的防護服，我扶著我妻子那冰涼的手，看著她在那個圓洞的設備來回幾次，再又送回搶救室。

醫生又讓我站在門外等，不要走遠。不一會，他把我叫到他的辦公室，告訴我我妻子的病情：大腦右邊的動脈破裂，整個大腦充血，CT也看不清。兩眼的瞳孔，已經完全放大，而且對光也沒有任何反應。現在血壓也很不穩定，一直往下掉，隨時都會失去生命，要做好心理準備。過一會，如果血壓能穩定一點的時候，再做一個磁共振，進一步查明病情。

我回到搶救室的門口，站著。

這裡，沒有一個可坐的地方。大廳裡擠滿了病床，病床上躺著各色的病人——這些是病房裡擺不下的病人，因為實在無處可放，只能將這個大廳變成了病房。快到中午了，病人的家屬們就從外面買了各種各樣的外賣，在病人的病床前吃起來。

我一點也不覺得餓，可是很渴，也很疲憊，兩腿又累又脹。想去買瓶水喝，可不敢，怕我一離開，醫生護士就要找我，怕因我的不在，耽誤對我妻子的搶救。煙癮犯了，自從把妻子送來之後，我一直沒抽煙的機會，想到門外去抽支煙，也不敢，怕因為我的抽煙，耽誤對我妻子的搶救。我想在哪塊空地上坐下，也不可能：唯一空的地方是過道，這是搶救通道。別的地方，都是別的病人病床的「勢力範圍」。我只有靠在一根屋柱上，迷茫著，焦慮著，無可奈何著……

又一個人送進來搶救了，趁急救室開門的那一下，我又朝裡望了望，只見一名醫生，用被子捂著我妻子的頭。那個剛送進去的病人，則被許多醫生護士圍著，做著心臟復甦搶救。也沒過多久，就被用床單連頭蓋著，推了出來——我知道，又一條生命，告別了這個世界。而我的妻子，依然躺在那裡，已經被插上了各種管子，也有醫生護士在旁邊站著。

一個剛才進入了搶救室的保安出來了，他對我說：「醫生說，血都已經充上臉了，沒有救了。」

我只有無奈地靠在大廳裡的那根柱子上，努力地不讓自己倒下去。

我該如何是好？

考慮了半天，我決定給我妻子的哥哥弟弟們打電話——電話無人接聽，只好發資訊，告訴他們，葛紅可能已經不行了。

然後，我在我的家族群裡發了一條短暫的消息，告訴大家，我妻子可能不行了。

很快，我在杭州的外甥女、侄子侄女們，打電話來詢問情況。我告訴他們我在哪，現在葛紅的病情很糟糕。

其實，這個時候，我還抱有一絲幻想：最壞的結果，或許僅僅是成為植物人吧？醫生又來叫我了，說是送我妻子去做核磁共振。我進了搶救室，看到我妻子搶救台旁邊的醫療盒裡，有許多帶血的棉紗——我知道，那是我妻子的血，但不知道是哪兒出的血。

到了核磁共振室，我又穿上那厚重的防護衣，然後，扶著我妻子，在核磁共振設備裡來回幾次。

檢查結束了，回到搶救室，不一會，醫生又把我叫過去。告訴我，結果還是不理想，我妻子的大腦充滿了溢出的血液，出血的部位根本就拍不出來。

醫生開始謹慎地建議我放棄。

我拒絕了，急切地問醫生：如果不放棄，努力救治，最好的結果會怎麼樣？

三十三、「慈善」的中國紅十字會

醫生的回答，令我真的絕望：最好的可能就是保持植物人狀態。

但是，這個世界上，畢竟，還有植物人最終甦醒的案例。只要我妻子的心臟不停止跳動，我必須努力。

醫生聽了，就拿出一些材料，讓我簽字——然後讓我去辦住院手續。

付清了前面的搶救費，然後又交上住院押金，我妻子就算是正式住院治療了。

此時，我的外甥女和她丈夫趕到了，問了下情況，然後，我另一個外甥女也來了。到傍晚邊，醫生又找我去簽字，然後告訴我，再去做一次血管造影手術。簽好字，又有人跑來，要我付理髮費，說剛給我妻子理了髮。

我陪著護士將我妻子送進做腦部血管造影的手術室，在外面焦慮地等了近一個小時，醫生又把我叫了進去。他指著那些我妻子的腦部CT圖片樣的東西，指給我看。告訴我，我妻子的腦部已經完全被血充滿了，已經完全沒有恢復的可能。即使做手術，也只能是對腦部的淤血清除一下，緩解一下她腦部的壓力，對緩解病情可能沒有多大的作用。

「如果不做手術，我妻子還能維持多久？」我問。

「這個難說，也許就在今晚，最多也只是兩三天，」醫生回答。

「做手術呢？」我問。

「這個很有可能在手術臺上，她就去了，」醫生說，「手術成功，也許，能維持很長一段時間，多長不好說。」

我希望，我妻子能堅持到我兒子回來的那一天，哪怕就是成了植物人，也得讓我兒子回來，見他母親最後一面。

我決定賭一把，堅持給我妻子做手術！

把我妻子送進手術室，我又開始了一個漫長的等待。

是的，這是一個漫長的等待，因為這個等待中的每一分鐘都那麼的漫長！

醫生說，手術大概需要花五六個，甚至是七八個小時。

天，黑下來了。

我的在杭州的侄子、侄女，外甥女們都過來了。他們問我晚飯想吃點什麼——這時，我才想起，今天我只是早上去上班之前，喝過一碗雞蛋花，到現在還沒有吃任何的東西。最後，他們買了些便當回來，我勉強地吃了一些——實在是肚子一點饑餓感也沒有。

晚上九點左右的時候，護士叫了：「葛紅家屬！葛紅家屬！」

我趕緊走了過去。

原來，手術結束了！原本說至少要五六個小時的手術，怎麼這麼快就結束了！我妻子從手術室被推出來，又被推進了重症監護室，又是病危通知書什麼的一堆東西簽字，然後等醫生和我談話。

醫生告訴我，只是把我妻子的腦部進行了一下清理，因為大腦水腫太嚴重，最後不得不切除一部份大腦，才將創口重新縫合上。

我知道，這等於是說沒有任何辦法進行治療。事已至此，我想起了，我妻子曾經跟我說過，她簽署過人體器官和遺體捐贈書，而且再三跟我說，萬一有一天她離開這個世界了，一定要把她身上仍然有用的器官捐獻給有需要的人，而遺體就捐獻給醫學院，讓學生們做解剖學習之用。

我妻子當年簽署這個人體器官和遺體捐贈承諾，緣由就是從我兒子開始的。因為我兒子大學畢業了，又不太想從事律師行業，我也無能力給他找到適合的工作，正好程淵說他的公益機構需要人員，就讓他去了。這些年來，我也從事著一些公益活動，所以，我妻子覺得，我們父子都在做著公益，她認為自己沒文化，唯一能做的，也只能是在自己去世之後，把能用的器官，捐贈給那些需要的人，把剩下的遺體，捐贈給醫學院做解剖之用，這也算是一種公益吧。她簽署了器官遺體捐贈協定後，又讓我也簽了一份同樣的協定——要我也在去世後把我的器官和遺體一併都捐獻。

雖然我是個基督徒，但我認為，人死後，人的靈，是可以追隨上帝的，而肉體，只不過是人靈魂的一個寄託體，並不能在人死後跟隨上帝。因此，只要是對這個社會還有用，捐了出去，又何樂而不為？

我有預感，我妻子的生命，已經快要到了盡頭。

事已至此，我不得不提前做準備。但又不知道如何通知紅十字會——因為當時簽捐贈承諾是與杭州市紅十字會簽的，我手頭也沒有他們的聯繫方式。於是，我就跟我妻子的主治大夫說了。他一聽，馬上說，他會幫我聯繫的。

夜，已經到了廿三點了。

重症監護室的醫生告訴我，如果有事，他會打電話給我的。讓我們在離醫院不遠的地方找賓館住下。我讓我的侄子侄女和外甥女們自己去附近找地方住，而我，則準備回自己的家住——因為家離醫院也只不過是一兩公交車站的路程，而且今天一天，我家的狗狗帥帥，也需要去放出來放鬆一下，餵牠一些食物。

當我們剛要離開醫院的時候，妻子的主治醫生給我打電話說，紅十字會的人馬上就要過來，讓我們在醫院先等著。我們又回到了剛才我妻子做手術的那個等候大廳，等著紅十字會的人過來。

一個小時以後，紅十字會的人過來了。他先進入重症監護室，瞭解了我妻子的病情，然後出來說：這裡醫院的診斷是完全正確的。對我妻子病情的判斷，也是對的，但這裡的醫療條件不如省二附醫院的好，建議先轉院。

浙江省二附醫院，全名應當是浙江大學第二附屬醫院，據醫生的介紹，是浙江省在心腦疾病方面最具權威性的。

我答應了。

只要能醫治我妻子的病，哪怕只有萬分之一的希望，我也願意。

紅十字會的人聽我答應了，他就說轉院的事，由他去負責。第二天就會有救護車來接我妻子去二附醫院治療。商量完轉院的事，我們就離開醫院，各自去找休息的地方。

這時，醫院的醫生給我打電話，問我是不是準備給我妻子轉院。

我回答，是的。

他告誡我說，要轉院，也要等到我妻子的血壓穩定下來，因為她現在的血壓很不穩。如果血壓不穩下來，很可能會在轉院過程中出事。

我知道，我妻子的血壓進入醫院後，醫生就告訴我一直不穩。一開始是血壓很高，高得醫生不知道怎麼控制。然後，血壓就一直往下掉，醫生不得不用各種藥物來提升她的血壓。直到現在，她的血壓還是不停地往下掉。

我回到了自己的家，躺在床上，可怎麼也睡不著，盼著我妻子的血壓，能控制住，這樣好盡早地轉院。

我家的狗，帥帥，我讓牠到我房間來睡，可牠卻固執地守在我妻子的床邊，叫也叫不過來。

我知道，牠是在守著牠的主人回來——可牠哪又知道，牠的主人，我的妻子，這回，很有可能，再也回不到這個家了！

而我的兒子，也可能再也見不到他的媽媽了！

內心的那種痛，讓我不得不想歇斯底里地大叫一聲！

在床上輾轉到天亮，我吃了點東西後，就準備去醫院。這時，帥帥跟著我，無論如何都要跟著我，只要我一開門，牠就搶在我的前面，要跟我出門。牠站在門外，看著我，我就站在室內，假裝關門不走了。牠則盯著我看，見我把門關上了，又來刨門，要進來。等牠進來後，我蹲下，緊抱著牠的頭，撫摸著牠，安慰牠說：「帥帥好乖，在家待著，我去叫葛紅回來。你看，昨天就是你不乖，葛紅都不回來了！你乖乖地待在家，我把葛紅接回來，聽話。」

牠是聽得懂我的話的，當然也知道葛紅是誰。這回，牠就很順從地，坐在客廳的地上，讓我出門去醫院了。

去醫院的路上，重症監護室的醫生給我打了一個電話，告訴我一個好消息：我妻子的血壓穩定下來了！

我馬上把這個消息告訴了昨晚來過的那位紅十字會的人員，他告訴我，前來接我妻子轉院的救護車可能要上午十點鐘到，讓我們先做好一切轉院的前期準備工作。

我到了醫院，把這個消息告訴了已經在醫院的我的外甥女、侄子侄女們。讓他們幫忙準備轉院的準備工作。同時，把家裡的鑰匙交給我外甥女，讓她回去時，把帥帥帶上。因為，我估計到了二附醫院後，就沒時間再回來照顧牠了。

收到了一條手機簡訊，是醫院發送的，告訴我昨日已欠醫院的費用兩萬八千餘元，讓我及時去繳清，以免耽誤治療。

昨天，在辦理住院時我交了七千多元的搶救費，然後又交了三千元的住院押金。這意味著昨天全部的醫療費用是三萬八千多元。我趕緊下樓去繳費處交錢。繳費處在電腦上一查，然後告訴我，現在不用急著交，因為今天要轉院，在轉院之前一併把今天發生的醫療費也交了就行。

於是，我就坐在急救室門外的一處空地上，一邊抽著煙，一邊焦急地等待著接我妻子的救護車的來臨。

這時，一位保安走過來，很關心地問：「你家人的病情怎麼樣了？」

這位保安昨天也關心過我。

昨天，我也是坐在這裡抽煙。他走過來打聽是我的什麼人在這裡急救。打聽完之後，很委婉地告訴我：如果我妻子去世了，千萬別聽醫院的，把遺體送到太平間，他會安排人來幫我操辦喪事。

我知道，他是在幫那些操辦喪事的公司拉生意。

在這個世界上，總有一些人，在賺別人痛苦的錢。比如這殯葬公司，別人家的喪事，就是他們的喜事，因為他們賺錢的機會來了。所以，會在醫院拉攏一些保安員、保潔員或者護理員，讓他們幫忙給拉生意。而這些人員，也因此可以賺上一筆外快——殯葬公司會給他們一筆提成費。

這位保安，當聽到我說妻子要轉院後，便有些失望地悻悻然離開了。

我一個人坐在外面，一支煙接一支煙地抽著，時不時地朝醫院大門外望著。每聽到一次救護車的響聲，我都會立即站起來，希望這就是來接我妻子轉院的那輛。

可是，每次都是失望，來的救護車，都是送人進來搶救的。

三十四、「救治」，原來只為要你的器官！

我再次回到樓上，將妻子的住院手續和醫療卡交給我外甥女，讓她幫忙辦理轉院後的結帳手續。然後安排哪些人陪同我一起過去，哪輛車同時帶上紅十字會的醫生——因為剛才紅十字會的人打電話來說，救護車可能坐不下那麼多人，讓我安排一輛車帶上他們。

安排好後，我又到樓下去等。終於，等來了紅十字會派來的救護車。我趕緊將他們帶到重症監護室，然後把我妻子接了出來——這是今天第一次見到她，卻已經遠非昨天我送進醫院的她了。滿臉的浮腫，且兩個眼睛也腫大得很厲害，其中左眼已經變成了紫黑色的。

但願，送到二附醫院去，那裡的醫生能夠救回她的一條命！我心裡就這麼毫無希望地祈盼著，把她送上了救護車。

我妻子的哥哥也從江西趕來了，我和他一起護送我妻子，其他人則坐別的車。一路上，都在顛簸——不知道是路的原因，還是這救護車司機故意的——最後就連同來的救護人員都忍不住了，讓司機開車小心些。

到了二附醫院，首先送進電磁檢查室檢查，完成後再送進腦重症監護室，醫生又讓我簽了一大堆的文件，其中包括病危通知書和各種手術的告知書和同意書。然後讓我站在重症監護室的門口等著，說是醫生可能會找我談話。

腦重症監護室的門外，就是一個電梯間，兩邊各三部電梯。這個電梯間，沒有任何可坐之處，其他病人的家屬，都是自帶報紙鋪在地上，就地那麼坐著，同樣在等待著自己的親人的消息。

重症室的門，一時開，一時關。

開的時候，有時會是送出病人——這病人如果還插著管子，把頭露在外面的，則說明是推出來去檢查的。如果已經去世的，則會從裡面一個電梯推出去，直接送到太平間。

我也不知道等了多久，這個電梯間又悶又熱，感覺身上在一直冒汗。但又不敢走開，因為剛才醫生說了，等下還要找我談話，我怕一離開，他們又找不到我了。我妻子的哥哥，打電話問我在哪，這時我才想起，他是與我同來的，只是在那一刻，我一下車就只顧著聽從醫生的引導，先把我妻子送進了檢查室檢查，然後又在醫生護士的引導下推著我妻子送她進了重症監護室，竟然把他給忘了。

我把自己的位置告訴了他，他也上來了。跟他說了醫生等會還要找我談話，必須先在這等會。

終於，有護士喊了：葛紅的家屬在不在？

我趕緊過去，進了重症監護室裡面，然後焦慮地等著醫生對我說些什麼。

醫生來了，他告訴我，我妻子的病情，基本上已經定了，血壓已經穩定下來了，但最好的結果，也就是保持現在植物人的狀態，再也好不到哪去。不過，他們已經用醫院最好的藥物在維持著，再觀察一段時間看看。

我明白了，此後，我再也不抱有任何的幻想，盡量讓自己冷靜下來，處理我妻子的後事。

但我，仍然希望我兒子，能回來，見上他媽媽的最後一面。

這個工作，我所裡的同事已經在做了。她們向司法局打了書面的報告，希望通過浙江省律師協會和浙江省司法廳，向湖南方面進行溝通，看能否讓我兒子回來見上他母親一面。

施明磊也打電話過來，她說她也在想辦法和長沙市中級人民法院打報告，要求能讓我兒子回來，見上他母親一面。她讓我寫了書面的委託書，委託她辦理這方面的申請。

根據中國現行的法律，這是允許的。

但是，我本人並不抱多大的希望。就我人生的經驗，我認為自己是完全瞭解中國共產黨的。這是一個政治需要高於一切的政黨，不可能指望他們，會突發人性，除非，也正好符合他們的政治需要。

和醫生談完話後，知道我再待在重症監護室的門口，也無濟於事了。於是和我妻子的哥哥，找到了紅十字會為我們找好的一家小旅社，訂了三個房間，等我家那些親戚們過來。

大家來了後，我先安排了幾個親戚在房間住下。然後大家一起去吃過午飯，我讓其他的人先回各自的家——因為大家各人都有自己的事要做，我也不必要安排那麼多的房間浪費費用——讓他們自己安排好輪流來陪我。

晚上吃過晚飯，在醫生的安排下，進重症監護室看望了一下我妻子。她的眼睛已經被醫生用兩條膠布粘合了，依然是那樣的不知不覺。

出了重症監護室，我讓我妻子的哥哥在旅社住，我得回家一趟。因為，我的降血壓藥和換洗的衣服都沒帶，今天又出了一身的汗，我得回家一趟。

我坐地鐵回到家，已經是晚上十一多點鐘了。

打開門，家裡面冷冷清清的。

沒有我的妻子，她依然躺在醫院裡。

也沒有了帥帥，牠已經被我外甥女帶走了。

帥帥後來因為我在杭州的外甥女也沒時間飼養，就帶回到了江西武寧老家，放在她姐姐的公司裡。後來我開車去看牠的時候，牠一看到我下車，興奮得不得了，一個勁地往我身上撲。之後，就圍著車子轉了一圈，又轉一圈，不停地轉著，或不時地趴著車窗往裡看著。直到我心疼地把牠抱在懷裡，撫摸著牠，才能讓牠安靜下來。

我知道，牠是在找我的妻子，牠的女主人，葛紅。

後來，因為政府部門的人來公司視察，看到公司裡有狗，就說生產食品的公司內不允許養狗。我的大外甥女只好又把牠送給了別人——然而，不到一個晚上，牠就跑了，再也不知牠去了哪裡。

或許，真的成了一隻流浪狗了。

我的妻子曾經在牠不聽話時，就嚇唬牠：不聽話，讓你做流浪狗去。想不到，如今，卻成了應驗！

我洗了澡，只把裡面貼身的衣服換了，正準備將換下的衣服往進洗衣機扔時，突然想起，我的妻子，已經不可能再為我洗衣服了。

於是，我又將衣服從洗衣機裡拿出，自己用手搓洗之後，晾曬在陽臺上。或許，已經太長的時間沒能好好睡了，上了床之後，居然就睡著了。

第二天起來，沒有了妻子在陽臺洗衣服的聲音，也沒有了她在我床前晃來晃去拖地的身影，也沒有帥帥追著我妻子要吃的吵鬧。

整個屋子，只有我孤單的一個人。

我起來，洗漱之後，自己燒開水沖泡了兩個雞蛋，冰箱裡，還堆放著我妻子留下的一些剩菜，但我沒有心情去收拾，暫且，就先讓它放在那裡。

去醫院開好了夠我兩個月吃的降血壓藥，放回家後，又坐地鐵去醫院。

上午，只接了醫生的一次電話，讓我去簽一大堆的字，都是些什麼手術和治療方案。我習慣地問了病情，醫生也習慣地作了回答：血壓還好。然後，就沒有別的話了。

直到晚上，紅十字會的人來了。他告訴我，現在正在找我妻子器官的受體，找到受體後，就準備對我妻子「舉行儀式」。

我知道了，在他的眼裡，我的妻子已經是一個死人。現在所謂的治療，對於紅十字會的人來說，無非就是在維護著我妻子身上的器官。

對這樣的治療，我突然感覺很悲傷起來。我的妻子，此時，在他們的眼裡，其實只不過是一個人體器官的供體罷了。

而我呢？我希望我的妻子，能活著，等到兒子的歸來！讓兒子能見到她最後一面！

但，這是一個多麼渺茫的希望啊！

又過了一天之後，紅十字會的人告訴我，我妻子器官的受體找到了，器官捐贈儀式準備就在這一兩天內進行。

我聽到了這個消息，內心一陣的痛楚。這意味著，我的妻子很快就要走向真正意義的死亡，因為我知道，只要一切手續辦妥，我的妻子，就會被宣布死亡，然後他們就會從她身體上摘除他們有用的器官，移植到某個正等待著需要她身體上某個器官的人身上。

雖然，我妻子這種意義上的死亡，已經是無法避免了的，而且我也早就有了這方面的心理準備。但在面臨這樣的結果即將來臨時，我依然還是有些覺得，太過於殘酷。

我是不是該讓我的妻子，就這樣停止心臟的跳動？

三十五、不經批准，不准行善！

但器官捐獻，必須要取得我兒子的簽字授權。

我希望能藉需要我兒子簽字的這個名義，讓我兒子回來看他的母親最後一眼。

浙江省紅十字會的人早就知道我兒子的事，是我告訴他們的。他們說，關於我兒子簽字授權的事，他們已經讓湖南省紅十字會的人和有關部門協商。

十二月廿七日，浙江省紅十字會的人跑來告訴我，湖南那邊紅十字會已經和長沙市中級法院協商好了，說讓我明天和浙江省紅十字會的人一起去長沙讓我兒子簽字授權。

我答應了。

我不能不答應。一是因為器官捐獻是我妻子的意願，我不想最後違背她的意願。另外一個重要原因，我認為這次可以藉此機會，見到我兒子一面。自從他被拘捕後，我就再也無法得到有關他的真實消息，希望這次能見到他，同時，讓我親自告訴他，他的母親等不到他回來了。在他得到這個消息的時候，我能夠在他的身邊，和他一起傷痛。

第二天一早，我就和浙江省紅十字會的人坐上了趕往長沙的火車。在火車上，杭州市司法局的人打電話給我，說他們也在和長沙方面聯繫，看是否能讓我兒子回來看上他母親最後一眼。

「不用了，」我無力地回答，因為，從施明磊她那邊的申請來看，我已經知道這是一種不可能實現的奢望。

到了長沙，和湖南省紅十字會的人接上頭，他帶著我們走進了那座我去過不知道多少趟，卻始終無法找到法官的大樓，見到了一位似乎是姓劉的什麼庭的庭長。浙江省紅十字會的人員拿出了公函，向他說明了情況。然後，他就打電話給刑事審判法庭的領導。

電話的那頭，聽到了我兒子的名字，就對他說，我兒子的案件，是涉及國家安全類的案件。他一聽，驚異了一下，然後掛了電話，就對我們說：

「你們坐一下，我先上去請示一下領導。」

我和浙江省紅十字會的人，在他的辦公室等著。

好久，他下來了，然後指著我問：「你就是吳有水？」

「是的，」我回答。

然後，他開始說起一些無用的廢話來。說什麼器官捐獻，這是做好事，不需要法院的同意，可以直接找看守所，讓看守所去安排。

這話，他唬得了別人，可唬不了我。我知道，政治又被提升到了高於一切的地位，為了所謂的政治，他們可以不顧一切倫理道德——儘管，他們會把「道德」兩個字，唱得比誰都響，批判別人的時候，也會把「道德」兩個字，舉得比誰都高。但只要一碰上「政治」兩個字，一切都可以踐踏。

但一起來的浙江省紅十字會的人不相信，因為他年輕，所以多少有些天真。他和我下了樓，走到大街上打車，直奔看守所。

到了看守所，我按了門鈴之後，等裡面的人出來。

和往常一樣，裡面的人出來了。我向他介紹了這次我們來的目的。

果然，如我所料，他向我們索要法院同意的公函。

紅十字會的人又和法院那邊聯繫，不停地打電話聯繫、等待答覆。

看守所的人看過了紅十字會人員的工作證、身份證、公函，並且加以拍照。一陣折騰過後，依然要求有法院允許的公函。最後，他們說，沒有公函，哪怕只要長沙市中級人民法院打個電話也可以。

可是，長沙市中級法院再也聯繫不上了！

一開始，紅十字會的人以為是他進去不方便，就跟看守所的人說，他不進去，只由我一個人進去。

看守所的人當然拒絕了。

然後我提出，我不進去，只讓紅十字會的人進去讓我兒子在授權書上簽個字。

看守所的人也拒絕了。

最後，為了實現我妻子的意願，我作出了妥協，說：

「我們都不進去，麻煩警官你們把授權書帶進去，讓我兒子簽個字，這樣總可以吧？」

結果，還是不行！

紅十字會的工作人員只好向浙江省紅十字會這邊的領導電話請示，然後等待著答覆。

天，黑下來了。

似乎湖南的天黑得特別早，而且特別快。

浙江省紅十字會領導的答覆來了，讓我們立即當夜趕回杭州，等浙江省紅十字會開會研究後再作決定。

回到杭州，已經是凌晨1點多了。

我到了旅社，和衣躺下，心裏已經完全麻木了。

這一天，是十二月廿九日。

晚邊接到醫生的電話，讓我過去一趟。我趕到醫院，等了一個多小時，終於等來了醫生。醫生把我叫進去，告訴我說：我妻子的炎症特別嚴重，器官已經不適合移植了。

她還特別嚴肅地說：有這麼嚴重炎症的器官，捐獻給別人是很不道德的！

當時，我想也沒想，說：那就不捐獻了吧。

「那你什麼時候把她拉回去？」醫生問，「再在這裡住院，已經不合適了！」

「我帶回去？我帶她去哪？」我疑惑地問。

「你帶她回家呀！」醫生說，「你們蕭山人不是有個習慣，人只能死在家裡的嗎？」

我向她解釋道，首先，我不是蕭山人。其次，我也沒有自己的房子，我住的是租住蕭山本地人的房子，而蕭山本地人是最忌諱租住的屋內有別人去世了。再說，我現在什麼都沒有準備好，你們讓我現在把病人運回去，我總得事先有個準備吧？

醫生聽後，暫時不再言語了！

我從醫院回來，又接到紅十字會人員的電話，他告訴我，必須儘快給我妻子辦理出院，最遲不得遲於這個月底！

我的心，突然涼了！想不到一個慈善機構，竟然也如此地不厚道，一旦我妻子的器官對他們沒用了，就開始催著我辦理出院。

「住院的錢我自己出，又不要你們出，你們這麼著急催我妻子出院幹嘛？」電話裡，我有些憤怒地問。

三十六、我和妻子，從相識到永別

又是一夜無眠。

第二天，我和我妻子的哥哥一起回到我家去，給我妻子準備一身衣服。按照習慣，人去世後，總是要穿上一身合適、乾淨的衣服走的。雖然之前我已經讓我外甥帶過來一些，但我看了並不滿意。

到了家，卻實在找不到有合適的衣服了。想不到，我妻子竟然沒有一套稍微好一點的內衣。

我只好和我妻子的哥哥一起，到了一家服裝商場，為我的妻子買她穿的衣服。

寫到這，我的內心真的很內疚。這還是自從我認識我妻子以來，第一次，也是唯一的一次為她買衣服。

我和我的妻子，是一九九三年底認識，一九九四年結婚的。

那年，我雖然離開了學校，但因為新的單位並沒有為我安排住所，所以我依然住在學校的那間曾經放雜物的小屋裡。在一九九三年底的某一天，我正在房間，看著我的書，突然感覺門口似乎有人站著，當我回過身來時，那人立即走了。我出了門，在牆的轉角處，發現了一位年齡大概六十多歲的老媽媽。我看了看她，她也看了看我，笑了一下，然後走了。

想不到，她，竟然是我未來的岳母！

不幾天，學校一位八十多歲的退休員工，她的一個兒子，據說曾經和我二哥同事過——也是在武寧縣林業部門工作的。她來找了我，讓我去她家坐一坐。雖然與她從不來往，但畢竟她有那麼一把年紀，我也不好意思拒絕，就跟著她去了。

到了她家，看到一位年齡大概和我差不多的女子，正坐在她家。

她也不先介紹那女子是誰，只是一味如同審犯人樣地審問我：多大年紀，家在哪，諸如此類的一大堆。後來，那女子跑了——學校的那位老員工就讓我去追。我覺得有些摸不著頭腦的，就沒有去追。她見我沒去追，就明白無誤地告訴我說，那就是她要給我介紹的對象。然後，她又介紹了那女子的情況：名叫葛紅，家住哪，在哪上班諸如此類的。

此後，我也沒放在心上。只是後來一次在同事家玩，這位老員工來找我，說給我介紹的那位對象又來了，讓我趕緊回去，因為那時，我玩得正嗨呢，哪有工夫回去。

直到學校放寒假了，學生和許多青年教師也都回各自的父母家。一個人孤獨無聊的我，突然想起那位老員工給我介紹的對象，於是就按她告訴我的地點去找。結果，還被我找著了。只是，葛紅還在單位，還沒有回來。

過完春節後，一天，葛紅來我房間了。她問我是不是年前找過她，我說是的。然後在我房間兩個人聊了一會。我知道，她大概是願意跟我結婚的。

結婚，需要房子。

我上班的單位，之前的那位領導，終於在大家的詛咒中被停職了，需要有一位新的領導。那時，廠裡真正管事的有五個人：其中三位副廠長。一位是剛從貴州以人才引進來的姓閔的工程師、一位是負責生產的副廠長、一位負責行銷的副廠長。還有一位是車間主任。只是我什麼都不是，但也算是引進的人才，沒有具體的職務，什麼都管。我們都不希望集團公司再從別的單位空降一位新的領導人，只想就從本單位升任一位廠長。

因為國有企業，很有點像是政府機構，一切都是官本位的：福利待遇都按行政級別來定。廠長的級別，相當於正科級，這個級別，到政府部門去，就相當於一個鄉的鄉長或者縣級政府的一個局的局長了。好不容易了有這個缺，自然就有人想爭。而爭這個職位，就得要有人支援。

當然，我是沒有資格去爭這個廠長的位置的，因為我不是共產黨員。

但我可以幫別人爭取這個位置，因為集團公司主管工業的副總經理，是我的學生。

在四人之中，相比之下，我比較在意的是那位從貴州引進來的工程師。一方面，我和他都算是引進人才，另一方面，我們都是外地人，相對來說還有共同的話語。而另外三位都是本集團老資歷的員工了，雖然也和我一樣，都是跟隨前面那位被停職的領導一起進廠的，但我覺得他們沒有文化，當廠長，還是有些欠缺的。所以，在我的極力推薦下，那位從貴州來的閔工程師就當上了廠長，又在這位新任閔廠長的努力下，把另外兩位副廠長降級為科長，而把那位姓沈的車間主任升為了副廠長。

閔工成了廠長之後，他的待遇當然就要隨之改變。

於是，集團公司給他安排了一套住房。原來的住房給誰住，就產生了爭議。我前面說到的集團公司主管生產副總的小舅子，也到了我們廠來上班，他說他要那兩間房子。

這個，閔廠長是不敢否決的，畢竟這可是自己頂頭上司的小舅子！得罪了，鬧不好自己剛到手的烏紗帽，就可能會掉了！

而我，則也開口說要那兩間房子。

理由是，我要結婚了！

廠裡的人，誰都不相信！因為他們誰也沒聽說過我有女朋友，也沒見我和誰談過戀愛。當然，閔廠長也不相信，甚至連那副總的小舅子也不相信。

所以，大家一致決定，如果我馬上拿到結婚證，那兩間房子就給我做新房。

這個馬上，是指不超過一個月。

當時，我就讓廠裡給我開了結婚需要的證明，請了第二天的假：為的就是明天去打結婚證！

大家全都只當笑話。

回去後，我就告訴葛紅，讓她也去單位開個證明，因為那時中國人要結婚，是必須要有單位證明的，準備帶上戶口本，第二天下午，去辦結婚登記。

第二天，葛紅來找了我，她已經打好了單位證明，帶好了戶口本。我和她一起從我住的地方，一起走到路口的照相館去照結婚登記用的照片。在半路上，遇上了一位我曾經教過的一位還在校讀書的女學生。她看到我，問我去哪。我告訴她，去周田口的照相館拍結婚登記用的照片。她也要跟著去，然後三個人一起到了照相館。

開始照相的時候，這位女學生也要擠進來一起照。

於是，我就站在中間，我們三個人站在一起拍了一張。照相館的老闆說，結婚照只能兩個人拍的，不能三個人一起拍的。然後，又拍了一張我和葛紅的合影。

「原來你們還真的是拍結婚照啊？」那女學生大笑著說，「我還以為你是跟我說著玩的呢！」

後來，為這事，葛紅還跟我彆扭過很多次，她總覺得，我跟這個學生，肯定有著戀情。

因為當時結婚登記用的是黑白照片，所以不到一個小時照片就出來了。

當我把結婚證拿到廠裡的時候，大家都覺得驚訝了！

但我並沒有得到那房子，因為那副總的小舅子已經下手為強，先搬進去住了。自然，他是從閔廠長那裡拿到的鑰匙。

拿到結婚證後，我與葛紅，也就是我的妻子了，一起去過南昌，買過一次她結婚要穿的衣服。但這次，是兩個人一起去，由她挑，由我負責出錢的。

所以，在我和她結婚的二十六年裡，這是我唯一的，也是最後一次為她購買衣服。

我挑了一套內衣，一雙襪子，然後又買了一個帽子。

這時，我的手機又響起了。是紅十字會的人打來的，他在電話裡，幾乎是在用強制性的語氣對我說，因為轉院入二附醫院是他安排的，要我別讓他為難，要求我必須要為我妻子立即辦理出院手續！

我向他解釋，就是直接送殯儀館，也需要時間！否則，紅十字會是否能幫我找到另一家願意接收我妻子繼續治療的醫院？如果能，那我立即轉院也行！

他不吭聲了。

我購買好衣服，又回家把我妻子自己買的還沒來得及穿的一件大衣，以及一條新的褲子、羊毛衫帶上，回到了醫院邊上的旅社。

醫院醫生打電話叫我過去。我趕到醫院之後，等醫生叫我。

不一會，有人在叫了。我走進去，裡面的護士拿著一張單子，告訴我說：「趕緊去買這些東西送來，之前是我們醫院墊的，現在必須要你們自己先買。」

我看了那張單子，盡是些衛生紙、衛生巾、墊布、墊枕之類的東西。

「去哪買？」我問。

她告訴我，在醫院的某個地方。

我和妻子的哥哥一起找到了那個地方，拿出單子，買了兩大袋的紙巾和衛生巾等之類的東西，總共花了六百多塊錢，送到了監護室。

我知道，因為我妻子對他們來說，已經沒有任何的價值了，所以，一切的費用，必須由我們自己出。

買好東西回來，我就電話安排朋友幫準備我妻子的後事。經他跑去了解後告訴我：遺體火化必須要有公墓證！

我從來也沒想過，一個人的遺體火化，還和購買公墓掛起鉤來！還真是服務一條龍啊！

但是，事已至此，我又不能隨著我妻子飛到另外一個世界去。所面臨的問題，必須得去解決。

我問他，遺體火化加上公墓大概要多少錢？

他告訴我，大概要花六萬塊錢。

六萬塊錢，可我身上總共加起來也只剩不到一萬塊了。無奈之下，只好向親戚朋友借。

正好，我從江西趕過來的二哥，他帶了一張存有十萬元的銀行卡。我就提出向我二哥借六萬元。我二哥馬上去銀行取了六萬元現金。

幾個願意幫忙的朋友從蕭山也趕到了醫院，我向他們提了幾個簡單的要求，無非就是一切從簡。

喪事一切從簡，這也是我妻子曾經的要求。

曾經，因為我父母的喪葬，我妻子一直責怪說，我家把喪葬辦得太浪費。她之所以要做器官和遺體捐獻，也是避免她自己去世後，增加太多家人的負擔。再加上，我是基督徒，也不適合按著蕭山本地人的那些風俗來辦理喪事。

杭州的天氣一下變得冷了起來。

施明磊打了電話來，她告訴我，她來了杭州。她是帶著她的兒女小豆豆一起來的。

她到了我所住的旅社，安排住下後，我告訴她有關我妻子的情況。

我知道，我妻子離開我的時間，已經不遠了！

三十七、安息吧，我的妻子！

吳葛健雄母親葛紅憂勞成疾，不幸遽逝。

十二月卅一日，晚。

我和家裡人以及施明磊和她的女兒，正在準備去吃晚飯。突然醫院來了電話，說讓我快點過去，帶上東西，葛紅快不行了！

大家立即站了起來，我帶上了給妻子準備的衣服，急忙趕到了重症監護室的門口，裡面的醫生走出來對我說，我妻子的血壓一直往下掉，馬上快不行了！

這一刻，終於來了。

雖然知道，這一刻，是遲早要來的，但真正來臨的時候，那種無法言說的打擊，依然讓我的大腦一片空白。

醫生對我簡單介紹完後，又回到了監護室裡面。我在室外等候著，感覺自己又一次犯了謀殺罪。

第一次，是謀殺了我父親。而這一次，則是謀殺了我的妻子！

不一會，醫生出來了，他向我宣布：十七點五十三分，我的妻子去世了。

……

也不知過了多久，我已經沒有時間概念了。裡面的護士出來引著我們進去了。跟隨著護士，到了一具白鐵皮的棺材前。我知道，這裡面，躺著我的妻子，那個陪伴著我二十六年之久的妻子，我兒子吳葛健雄的媽媽！

我和我的哥哥、姐姐一起，推著這個鐵棺，在工作人員的引導下，進入一個電梯，下到樓下，拐了幾個彎，進入一個小房間。然後，工作人員讓我哥哥、姐姐他們出去，只留下我和工作人員。他們移開了鐵棺，我的妻子，像是睡著一樣地躺著。

工作人員問我：要幾床被子？幾套衣服？

我不明白。

他告訴我，到這裡，是必須要買這裡準備給去世的人用的被子和衣服的。

我告訴他：衣服我自己帶來了，被子，要買多少？

他說，被子至少要買三條，一般就是三、五、七、九，必須是單數的。

那麼，三床吧！

於是，他讓我和他一起去另一個房間，拿了殯葬專用的那種比毯子還薄的被子，還有枕頭之類的，然後重回擺放我妻子遺體的房間。打了一盆水來，和我一起，開始為我的妻子淨身。

淨身完後，再給我妻子穿衣服。我把白天從商場買的和家裡帶來的衣服拿出來，一件一件地為我妻子穿上。

此時，她的臉已經不浮腫了，而像是往常睡著了一樣。

穿好了衣服，再把我哥哥姐姐他們叫進來，讓他們再看我妻子一眼。看過之後，再用被子一層一層地給我妻子墊好蓋上，用繩子上下捆好固定後，讓我交了一千元錢，作為預交的費用。

離開前，工作人員問我：在哪火化，什麼時候來取走遺體？

我告訴他，送回蕭山火化，明天上午。

他說：這裡去世的，就必須在杭州市殯儀館才能火化，如果到別的殯儀館，必須要有當地政府民政部門同意轉到本地火化的證明，然後是用殯儀館的專用車，才能將遺體運走，別的車他這裡是不放的。另外，還要有醫院醫療費用已結算清的憑證。

後面一條好辦，問題是前面一條，真的讓我一下不知所措了！因為，第二天就是元旦，政府部門都放假的，讓我去哪找民政部門的人開立遺體同意轉回本地火化的證明？

我問他，能不能通融一下？因為明天政府部門放假。

他堅決地回答說，無法通融！

沒辦法，我只好立即打電話給蕭山幫我辦理火化手續的朋友。他一聽，也傻了，說，他先打聽一下再回覆我。

很快，他回覆我了，說他已經在去辦理的路上了。經他打聽，辦這樣的接收證明，需要社區蓋章同意，然後是街道蓋章同意，最後才到民政局去蓋章同意！明天是否辦得出來，還不能確定，不過他正在努力。

不一會，他又打電話來說，辦證明必須先要有死亡證明。

而開死亡證明，也必須得等到第二天醫院上班，才能到窗口去開。

離開醫院時，不知從誰家飄出了那熟悉的聲音：

「新年將至，惟願山河錦繡、國泰民安！惟願和順致祥、幸福美滿！」

第二天，趁醫院一上班，我就去醫院開好了死亡證明，拍照後發給幫忙辦事的朋友。之後，又到了存有我妻子遺體的那排屋子裡。昨天的工作人員讓我們在他辦公的屋子裡等，因為外面很冷，裡面有空調。

這時，他才介紹，他也是江西人，是江西進賢的。他的工作單位並不是醫院，而是杭州市殯儀館。他把杭州市殯儀館出具的昨日收費電子發票發到我手機上，總共是九百二十五元。

等到快中午，蕭山那邊終於辦好了遺體運回的手續，等到了運送我妻子遺體的車子過來，我把妻子的遺體運回了蕭山，存放在間臨時租用的房屋裡。

這裡，就是我祭奠妻子的靈堂了。

將我妻子的遺體火化送上山後，我的親戚朋友們都散去了。晚上，我一個人回到家。家裡冷冷清清的。

可家裡，卻處處有著她的影子。

走向陽臺，陽臺上有她曬的臘肉，有她種的香蔥。

打開冰箱，許多吃的，也是我妻子買的。

走向廚房，廚房裡有她買來的準備過年的年糕、她買來做蛋糕用的麵粉，她沒吃完的紅棗。打蛋器，放在廚櫃上，彷彿正等著主人來將它浸入蛋液，按住按鈕，快樂地旋轉起來。

她的房間，我努力地保持著原樣。她的電腦，依然插著電源，她的被子，我依然鋪好在她的床上，還有她的枕頭、她的電動按摩器，她所吃剩下的零食，都按她生前的樣子擺放著，只在牆上，多了一樣，掛上了她的遺像。

打開她的房間門，我彷彿能看到她的背影，依舊還坐在她的電腦前，看著她的電影或者關注著她的股市行情。

根據我老家民間有一個傳說，說是死者死後，他的魂都會回一趟家的，來把他的腳步收走。所以，每到夜裡我就會靜靜地躺在床上，就會仔細地聆聽，看會不會真的如傳說中的那樣，聽到妻子回來的聲音。

朋友勸我：換一個地方居住吧，免得總是觸景傷情。

我說，不！

因為，

這裏，曾經是我、我的妻子、我的兒子，還有我家的帥帥共同的家。

我怕，我離開這裡，

兒子回來，會找不到家；

葛紅的魂回來，會找不到我……

一個多月後，很快就要春節了。我的二哥、二姐他們也來到杭州，和他們的子女們過春節，所以要我過去和他們一起過大年三十。

但是，我想和我的妻子、我的兒子一起，在自己的家裡過一個除夕。

於是，我就在大年二十九的這一天，提前在自己家過除夕。

吃過中午飯後，我就開始做過除夕的準備了。

魚，是我妻子生前買的小黃魚，這是她喜歡吃的，我提前用油煎好了一碟。牛肉，我妻子不吃，但是我兒子喜歡吃的，我前幾天買來滷好的，現在把它切成大拇指大小的丁，再配上洋蔥、辣椒。把朋友送來的雞，洗乾淨，加入黃酒、蔥、薑、蒜一起放入燉鍋燉。又到社區邊的超市，買了小白菜，這也是我妻子喜歡的。

燒好所有的菜，在桌上擺放好。我把妻子的遺像從她房間的牆上取下來，放在桌子靠窗的一邊，給她放好了凳子，然後在她的遺像前放上一雙筷、一隻碗，一隻酒杯。

我給我妻子的酒杯，倒滿了葡萄酒，這葡萄酒，還是我的同事自己釀的，拿了一瓶來，說是孝敬師母的。又給她的碗裡，盛上一碗飯，然後，按中國人的習慣，插上了三支香。

在我右手邊，也放了一雙筷子，一隻碗，一隻酒杯，這是我兒子坐的地方。

我給兒子的酒杯裡，倒了一杯飲料，他是從來不喝酒的。

一切擺放好後，我坐下，也給自己倒了滿滿的一杯白酒，然後興起杯，對著我妻子的遺像、我右手那空空的地方，說：

「葛紅啊，今天過年了，想不到，我們一家三口，就用這樣的方式聚在一起，過年，」話還沒說完，我的眼淚已經止不住地流了下來。

我趕緊喝起酒，想努力地控制住自己，不要大聲地哭出來。

可是，酒越喝，眼淚卻越流得更厲害了。我對面，妻子的眼睛，在死死地盯著我看。

我忍不住哭出來聲，邊哭，邊用拳頭敲著桌子，邊問：

你不是說過的嗎，等我老年痴呆了，你要把我送到錢塘江邊上去「放生」的，我還沒老年痴呆，你怎麼就這麼自己先走了呢？

你不是說過的嗎，你要等我先死，我死了，要你把我所有的壞，都講給我們的孫子、孫女聽，可現在兒子還沒結婚，我也還沒死，你怎麼能就走了呢？

……

窗外，傳來了嗚咽嗚咽的風聲，

起風了。

我如何犟上中國法治的惡瘤——社會撫養費？

許多人都問我，你怎麼會和社會撫養費犟上的？

最早，是從我打算做公益開始的，當時我自己僅僅是想做一點點對這個社會有益的事情。後來，從網上看到有人發起的「一對一認親」活動時，我就決定參加這個活動。二〇一一年底，我先和我的老家淳安縣婦女聯合會（婦聯）取得了聯繫，看她們能不能提供一些困難兒童的名單，後來她們很快就提供了。而且我的朋友們也願意參加，也幫我在建德市找到了一些困難兒童。我根據她們提供的名單，挨家挨戶地去上門走訪，經過核對之後，再聯繫了新華網的一些朋友，看他們誰願意「認親」這些小孩。

二〇一一年底和二〇一二年這一年多的過程中，我發現有些小孩，家庭經濟困難，其實是因為徵收社會撫養費引起或者加劇的。有些違反計劃生育出生的小孩，於父母出走或亡故後，只能與年邁祖父母相依為命，但因無力繳納社會撫養費，失去請領農村最低生活保障補助的資格。

當時，我有個想法：這些沒有父母的小孩，為什麼不能聯絡一些願意收養的人家，進行收養呢？這樣豈不就能從根本上解決他們貧困的原因？

回來後，我翻閱了一下《收養法》，發現這個想法，根本就不實際——因為，該法明確規定：收養不得違背計劃生育的法律、法規。這就意味著，在嚴格的一孩政策或者農村的一孩半（只有一個女兒的可生第二個孩子）政策前提下，符合條件生育的家庭，基本都已經有了一孩或二孩。再收養一個的話，就屬於違反了計劃生育政策，需要繳納社會撫養費的！這個筆數額不菲的社會撫養費，擋住了許多人願意收養那些的困難孤兒的善良之舉。

那麼，這個社會撫養費，究竟是一個什麼東西呢？

在這個時間之前，我從來沒有對這個社會撫養費有過懷疑，總是認為，既然是國家法律規定的，總應該是合理的。在我的內心產生了懷疑之後，我想，有必要進行一番追究。

社會撫養費的由來與違法性

社會撫養費，這是一個中國法治的怪胎。它的每一個毛細孔，都充滿了冷漠、暴戾的血腥氣味，從頭到腳，都違反了中國的法律和相關法規。因此，廢除它，成了建立法治社會的必須。

為什麼說社會撫養費從頭到腳都是違法的呢？

首先，從社會撫養費的定性上看，是違法的產物

1.本質是處罰生育行為，違反國際規範

從社會撫養費的歷史看，它就是對違反計劃生育政策的父母的罰款，在一九八〇年代稱為「超生罰款」。中國自一九七九年起強制實施「一胎化政策」，即原則上每對夫妻只准生育一個孩子。當時各省首次頒布的《計劃生育（試行）條例》基本都是以「罰款」、「處罰」稱之。到了一九九〇年代，各地才紛紛修改《計劃生育條例》，將這個臭名昭著的「超生罰款」改名為「計劃外生育費」。

這個「計劃外生育費」的徵收對象，包括所有不按政府規定的年齡、時間或數量生育小孩的父母。

一九九四年，聯合國第五屆世界人口大會，大會通過了《國際人口與發展大會行動綱領》（簡稱羅馬行動綱領），一百七十九個國家（包括中國）簽署並承諾遵守這個行動綱領。該綱領明確規定，不得對生育行為進行罰款。一九九五年八月，國務院對外發表《中國的計劃生育》白皮書，在該白皮書中，中國政府表示：「中國將一如既往地繼續與世界各國協調行動，通力合作，為貫徹落實《國際人口與發展大會行動綱領》，穩定全球人口，為人類更加美好的未來作出積極的貢獻。」對於國際社會質疑中國對生育行為的處罰，白皮書則作出辯護，稱「對多生育子女的家庭，則徵收社會

撫養費，既是對多生育子女行為的限制，也是多生育子女者給予社會的一種補償。徵收社會撫養費根據地方性法規的規定進行。徵收的數額不得影響被徵收家庭的基本生活和維持生產經營的需要。所徵收的費用用於計劃生育事業。」

這是目前可查到的第一次提出的「社會撫養費」這個概念。

二〇〇〇年三月二日，中共中央國務院發布《關於加強人口與計劃生育工作穩定低生育水準的決定》（中發〔2000〕8號），該決定再次提出「在現階段，對違反計劃生育政策的家庭徵收社會撫養費，給予必要的經濟制約，收費標準由各省、自治區、直轄市統一制定。徵收的社會撫養費上繳國家財政。」根據該決定的精神，財政部、國家發展計劃委員會、國家計劃生育委員會聯合發文《關於變更計劃外生育費名稱的通知》（財規〔2000〕29號），決定「將目前使用的『計劃外生育費』名稱變更為『社會撫養費』」。這是第一次明確在全國範圍內將「計劃外生育費」改名為「社會撫養費」。二〇〇一年十二月廿九日《中華人民共和國人口與計劃生育法》公布，在該法中，社會撫養費以立法的形式固定下來。

所以說，社會撫養費，在本質上，就是違反中國政府簽署並承諾遵守的羅馬行動綱領的規定的。

2、社會撫養費官方認定的性質

一九九六年三月十七日《中華人民共和國行政處罰法》頒布實施後，一九九六年五月，全國人大常委會法工委對國家計生委有關計劃生育系統執行《行政處罰法》有關問題的請示作出批覆（法工委復字［96]2號），指出：徵收計劃外生育費不是罰款，將其劃歸行政性收費專案。

二〇〇一年六月廿八日，財政部、國家發展計劃委員會、國家計生委聯合發布《關於計劃外生育費改社會撫養費的通知》規定了「社會撫養費」的性質應視為對違背地方計劃生育法規規定多生育子女、較多佔用社會資源的夫妻徵收的補償性的行政性收費。

根據以上解釋和規章，官方認定的社會撫養費的性質屬於行政性事業性收費。

3、社會撫養費的違法性

如果依官方的說法，社會撫養費屬於「行政性徵收」的話，那麼，它也違反了中國現有相關的法律法規和規章。

根據《中華人民共和國立法法》第八條規定：對非國有財產的徵收、徵用的，只能制定法律。社會撫養費的徵收，其實就是對公民財產的無償徵收，因此，必須由法律進行規定。但是，對社會撫養費的徵收，國務院的《中國的計劃生育》白皮書裡，卻明確稱「徵收社會撫養費根據地方性法規的規定進行。」而事實上，也確實如此，徵收社會撫養費基本由各省、直轄市、自治區的地方性法規規定的，這個我將在下面說到。因此，社會撫養費的徵收，首先就違反了《中華人民共和國立法法》的規定。

根據國家發展改革委、財政部頒布的《行政事業性收費標準管理暫行辦法》（發改價格〔2006〕532號）第三條規定：「本辦法所稱行政事業性收費（以下簡稱收費），是指國家機關、事業單位、代行政府職能的社會團體及其他組織根據法律法規等有關規定，依照國務院規定程式批准，在實施社會公共管理，以及在向公民、法人提供特定公共服務過程中，向特定物件收取的費用。」徵收社會撫養費，沒有任何的國家機關、事業單位、代行政府職能的社會團體及其他組織向超生家庭提供提供特定公共服務。恰恰相反，面對超生家庭父母，政府及相關的事業單位、社會團體反而剝奪對超生父母的一切社會福利待遇，甚至包括其應當享有的作為村、社區成員應有的福利待遇和社會待遇！如超生母親不能進公辦醫院生育、超生父母不能享有村民待遇、超生父母還會被政府機關、事業單位、國有企業開除等。他們享有的不是公共服務，而是公共權益的剝奪！

根據該辦法第五條規定，徵收事業性收費必須符合國際慣例和國際對等的原則。請問，對社會撫養費的徵收，符合了什麼國際慣例和國際對等原則？

根據《違反行政事業性收費和罰沒收入收支兩條線管理規定行政處分暫行規定》第

九條規定：「違反《收費許可證》規定實施行政事業性收費的，對直接負責的主管人員和其他直接責任人員給予警告處分；情節嚴重的，給予記過或者記大過處分。」我不知道各級計生部門有沒有取得收費許可證？

所以說，徵收社會撫養費既違反了《行政事業性收費標準管理暫行辦法》的規定，也違反了《違反行政事業性收費和罰沒收入收支兩條線管理規定行政處分暫行規定》的。

如果說徵收社會撫養費是一種行政處罰，根據《國際人口與發展大會行動綱領》，不得對生育行為進行處罰，我國政府也承諾，「中國將一如既往地繼續與世界各國協調行動，通力合作，為貫徹落實《國際人口與發展大會行動綱領》，穩定全球人口，為人類更加美好的未來作出積極的貢獻。」《國際人口與發展大會行動綱領》作為國際公約，我國參與簽署而且公開作出承諾，應當屬於我國法律淵源之一。因此，如果屬於行政處罰，同樣也是違法的。

其次，從社會撫養費徵收的依據上看，同樣是違法徵收。

徵收社會撫養費的法律依據是《中華人民共和國人口與計劃生育法》。根據該法第四十一條規定：「不符合本法第十八條規定生育子女的公民，應當依法繳納社會撫養費。」及第四十五條規定：「流動人口計劃生育工作的具體管理辦法、計劃生育技術服務的具體管理辦法和社會撫養費的徵收管理辦法，由國務院制定。」

由此可見，對社會撫養費的徵收，法律只授權給國務院作出徵收管理辦法。但是，二〇〇二年八月二日國務院發布的《社會撫養費徵收管理辦法》卻在第三條第二款規定：「社會撫養費的具體徵收標準由省、自治區、直轄市規定。」根據二〇〇一年七月一日實施的《中華人民共和國立法法》第十條第三款規定：「被授權機關不得將該項權力轉授給其他機關。」《人口與計劃生育法》只是將社會撫養費徵收管理辦法立法權授權給國務院制定，但是，國務院卻再次授權給各省、自治區、直轄市政府。這一授權，顯然是違反立法法的規定的。更為可笑的是：之後計生部門徵收社會撫養費時，依據的居然是基本是各省、自治區、直轄市人大或人大常委會制定的《人口與計劃生育條例》！要知道，根據《中華人民共和國人口與計劃生育法》的規定，各地方人大或人大常委會根本就無權制定徵收社會撫養費標準的權力！但是自《人口與計劃生育法》頒布以來，全國各地徵收社會撫養費居然就是依據這個各地人大常委會違法制訂的徵收標準！

第三，從社會撫養費的徵收手段上看，採用違法甚至犯罪手段。

關於社會撫養費徵收的手段，更是各種違法甚至犯罪行為層出不窮！用犯罪的手段對付公民的生育行為，在徵收社會撫養費領域，可以說是層出不窮。我下面粗略地例舉部份：

1、用殺害嬰兒的方法徵收社會撫養費

要麼引產，要麼交錢。

對於大月產婦，計生部門以強制引產為手段徵收社會撫養費。即如果不提前交納一定數額的「社會撫養費」，就將孕婦強制送到醫院去引產。有時引產出的嬰兒尚有生命徵象，甚至就是活胎，則用向頭部注射氯化鉀的方式或手扼的方式將已經出生的嬰兒殺死。這些胎兒之所以必須被殺死的原因，就是因為他們的父母交納不起社會撫養費。

所以，以胎兒的生命為要脅，是徵收社會撫養費的主要手段之一。

2、用綁架勒索的方式徵收社會撫養費

對於已經出生的嬰兒，徵收社會撫養費，許多地方採取綁架勒索的方式。綁架的對象不僅是嬰兒的父母，連嬰兒的真系親屬、甚至旁系親屬。只要親屬中有任何一人未繳納社會撫養費，當地計生部門就會將其親屬綁架到指定的賓館或者辦公場所非法拘禁，迫使其繳納社會撫養費。該手段以山東臨沂為典型代表。

這種連坐制度，最後被國家計生委以「誠信計生」名義倍加推崇。所謂的「誠信計生」，就是廣西、貴州計生部門將連坐制度從親屬發展到鄰居的偉大發明。即通過以簽訂協定的方式，以幾戶人家為一個「誠信小組」，只要該「誠信小組」中有任何一家違反計劃生育政策，則其他的家庭同樣要依所「誠信協定」的約定接受懲罰。

3、以破壞公民合法財產的方式徵收

因無力繳納社會撫養費，被計生部門地地方政府扒房屋和其它合法財產的現象也屢見不鮮，之前也有媒體進行過報導。

4、以不給上戶、不讓超生小孩上學等手段徵收

超生小孩，因父母無力繳納社會撫養費的，則不予戶籍登記。據二〇一〇年全國人口統計數據表明，當年全國黑戶人口為一千三百萬人。最為典型的為北京女孩李雪，因父母無力繳納社會撫養費，至今仍然為黑戶。

二〇一四年三月三日，開學報名當天，卅七歲的貴州興義農民王光榮因為繳不起四個孩子兩萬兩千五百元的「超生罰款」，用美工刀片割斷了自己的手腕，自殺身亡。王光榮的兒子王仁金手捧父親的遺像，也正是因為他的出生，王光榮被要求交付超生罰款。

由於無力繳納社會撫養費，不能上戶口，家住赤水鎮的蔡豔瓊在念到初三後因無法參加中考，不得不折回重新讀初一。據其家人介紹，六月廿八日晚，這名年僅十六歲的女孩因為戶口問題遲遲得不到解決而喝下農藥「百草枯」自殺，幸好搶救及時，這

位少女的生命才得以挽救。

可以說，為了徵收社會撫養費，計生部門已經到了無惡不所其極的地步。他們的這些「執法手段」，沒有一樣是符合中國目前的法律的。但是，居然可以橫行其道，為所欲為，而不受任何的法律懲處，國家的法治，被嚴重地破壞。

社會撫養費，已經成了地方政府不惜一切手段斂財的藉口，如果再不加以廢除，勢必加重民眾對政府的對立，破壞法治社會的基本理念。

社會撫養費，就是一個中國法治的惡瘤！

與程淵合作揭發社會撫養費黑幕

直接觸發我和社會撫養費進行較量的，是在二〇一二底。我和一位當事人去濟南開庭。晚上在賓館的時候，當事人無話找話地，問我有幾個孩子。我告訴他只有一個。

他問，為什麼不多生幾個？我笑著回答他：生一個都養不起了，還多生幾個？你生了幾個？

他回答我，生了四個。

這讓我很吃一驚。我知道現在計劃生育是嚴禁多生的，他哪生了那麼多個？

他告訴我，在他們那裡，只要交了罰款就可以生的，而且很便宜，只要三千多塊錢就可以生一個，而且他們那裡的計生部門，還巴不得他們多生，這樣可以多收罰款。

他的這個回答，讓我很覺得奇怪：罰款的目的，不就是為了不讓人家生嗎？怎麼反過來了呢？為了多罰款還鼓勵人家多生？

這位當事人是河南農村的，當時我還對他說的話有些半信半疑的。不過，一年多後，就得到了證實：不僅河南有，江蘇也有。比如江蘇連雲港市下面的一個縣，叫贛榆縣就是這樣的，為了能多收罰款鼓勵人家生還不算，居然還「引進」孕婦到他們那裡去生，然後在他們那裡罰款。當然，這是要以社會撫養費「便宜」作為條件的。

其實，這種現象很普遍，因為各地徵收社會撫養費的標準不一，所以，許多孕婦都會往那些徵收標準低的地方去生，然後罰了款再回來。聽說新疆最便宜，所以有很多人是跑到新疆去生的。

當然，有些省與省之間，為了各自的利益，也會為此爭得頭破血流的，彼此不承認對方的處罰，這就產生了別人那裡罰過一次，回來後還要再罰的現象。如浙江衢州就出現過一例這方面的訴訟：當事人一方是四川人，因為四川罰得輕，就在那邊罰了。回來後，衢州這邊不承認，還要再罰。結果，逼得四川那邊只有撤銷他們的決定。

不過，這些事是我後來才知道的。

聽了河南這位當事人的話，更讓我對這個社會撫養費產生了懷疑，認為有必要來探個究竟。

但是，當時計劃生育方面還是抓得很緊的，屬於「基本國策」。一般來說，對計劃生育的負面報導，是很難被報導出來的。除非很特別的個案，如陝西的馮建梅被強制流產案、還有跳水明星田亮被徵收社會撫養費二百萬元案。馮建梅案之所以會引起媒體的報導，是因為那張與被流產下來的胎兒合影的照片。如果不是這張照片。她也就和千千萬萬被強制流產的婦女一樣，過去了也就過去了。而田亮案，則是因為田亮是體育明星，許多報導是從指責他這樣的明星不應該超生去的。

在這樣的輿論環境下，如何提出這個話題而且引發大家的關注，讓社會撫養費存在的問題，曝露於眾人的目光之下呢？

我想到了申請社會撫養費資訊公開。

因為，這個操作簡單，我只要填寫一張申請表，寄出去就行了，自己也費不了多大事，萬一不答覆，咱再來起訴。

那麼向誰申請呢？國家計生委？這也不行，因為人家國家計生委如果不理你，就基本沒戲唱了。而且，作為媒體，如果對國家計生委說三道四，可能暫時還沒有那個膽量，戲一唱就唱完了。而向各個市申請，工作量又太大了，所以最後選擇了省一級。為了防止省一級計生委說這個都上繳給財政了，去財政部門要去，所以我又準備同時向省一級的財政部門也發出同樣內容的申請。

有了這個計劃，但並沒有打算哪天做。因為，那個時候我還不知道有「世界人口日」這麼一天。

二〇一三年五月份的某一天，我接到了王成的一個電話，說是一群做公益的律師有個聚，希望我參加一下，當然是AA制的。然後，我就參加了這個聚會。在聚會快結束的時候，有一個精乾黑瘦的人站起來，挨桌地問大家有什麼公益專案好做。後來，我知道他叫程淵。他說大家如果有，他可以幫忙聯繫新聞媒體幫報導。當他輪到我們這一桌來的時候，我告訴他，我準備搞一個社會撫養費的資訊公開。

那時，我估計他還不明白什麼是社會撫養費。然後我告訴他就是計劃生育罰款。這回他聽明白了，立即說：好啊，這個我可以幫忙。然後在他的筆記上就記錄了些什麼。

這事，過後我又忘了。因為武寧老家的小學，又給我發了一份貧困兒童的名單。武寧離杭州太遠，要我專門跑過去做核實和扶助工作，多少有些不太方便。於是，我又聯繫上了武寧的一批志願者。武寧的這批志願者很認真負責，她們不僅核實了情況，還相對應地給那些貧困兒童予以了實際的幫助，又為我老家的小學捐了一批課桌椅凳的。

直到七月十一日，突然接到程淵的電話，他火急火燎地問我：你那個申請社會撫養費資訊公開的事，搞還是沒有搞呀？今天是世界人口日，正好搞這個話題。

我一聽，傻了！那三十一個省市自治區計生委、財政廳的位址我還沒有搜索完畢呢？

原來，這些準備工作他們都做好了！

於是，我趕緊填寫好了申請單，委託他們幫我發出去。

這天下午，《中國青年報》駐浙江記者站的董碧水記者跟我通過了一次電話，詢問我申請社會撫養費信息公開的情況。

第二天，彷彿並沒有什麼動靜。一切都是風平浪靜的……

我以為這事，就這樣過去了，估計沒有媒體會報導此事。

想不到，這是暴風雨來臨前的寧靜！

過了一兩天，就有信息反饋來了，時不時有媒體打電話來，採訪我申請社會撫養費的事。我覺得很奇怪，問他們是怎麼知道的，他們的回答，都是從報紙上知道的。

後來我才知道，其實第二天，也就是七月十二日，我申請社會撫養費的事，中國青年報就在頭版上刊登出來了！

這篇報導是《中國青年報》駐浙江記者站的董碧水記者寫的，標題是〈社會撫養費撫養了誰？〉。

這個標題，用得實在是太高明！一下把大家的胃口吊起來了。說實在的，在這之前，很多人並不知道社會撫養費這個詞，哪怕是那些被徵收了社會撫養費的人，他們也只知道，叫計生罰款。而不知道這個計生罰款，其實有一個聽起來很溫馨撲鼻（山東衛視說法）的官方名字：社會撫養費。這個名字之所以說它溫馨撲鼻，因為一聽起來「社會撫養」，還以為是社會撫養了你呢。

董記者用這麼一個標題，一下讓人家覺得有些好奇了：什麼是社會撫養費？是撫養誰的？

要知道，全中國被這個「撫養費」迫害過的人數，大概至少有上千萬！超生要交、早生要交、哪怕是生第一胎，沒有結婚證要交、沒有計劃生育計證要交。總是，計生部門認為你不該生的時候生了，不管是一胎還是二胎，都是要交的。因此，計生罰款，在中國幾乎是人盡皆知了。但是這筆罰來的款，用到哪去了？從來沒有人問過，現在突然提起這個問題，自然引起了人們的關注。

所以說，我這次申請社會撫養費信息公開這一炮，如果沒有中國青年報的這篇報導，估計，就會永遠成為一個啞炮。

《中國青年報》的這篇〈社會撫養費撫養了誰？〉報導出來之後，中央電視台第二頻道在早上的第一時間就有了相應的評述。浙江經視、《光明日報》還有其它電視台，都作出了類似的評論或報導。

此後，就不斷有媒體開始關注起這個問題來了，而且熱度開始升高。媒體不斷地問：答覆了沒有？答覆的情況怎麼樣？

一年三百億社會撫養費，撫養了誰？

在媒體的推動下，影響在繼續擴大。根據法律規定，資訊公開必須在十五個工作日內答覆，即八月一日截止。我向全國總共三十一個省、市、自治區的計生委、財政廳發出了申請，在法定期限內，財政系統正式答覆共十八家，計生系統是十三家，共計三十一家，正好是我發出申請數的一半。而這三十一家的回覆，有一個徵收總額數據的共十三家，也就是說有效答覆只有五分之一。

其中，四川、河南是計生和財政部門都給了答覆，而且給了一個統一的數據。根據十一個省給的數據，該十一省二〇一二年度徵收社會撫養費的總額約一百億元。其中最多的是四川省，有二十四．五億，最少的是海南省二千四百九十八萬元。（當然，這些數據並不完全可信的。）

這段時間，有三家媒體始終在追蹤著報導。他們是《南方都市報》、《新京報》和《中國青年報》。

在法定的期限日截止後，我就開始籌劃如何進一步採取措施。考慮到工作量的大小，以及如何有理有據，我將那些未給任何答覆的省份分別向國家計生委、財政部提出了行政覆議，要求責令他們答覆。

此外，我對江蘇、廣東兩省的計劃生育委員會提起了行政訴訟。

對江蘇省計生委提出訴訟的理由是：他們的答覆是「無權公開」。這個答覆，即意味著他們有相關的資訊，只是說自己無權公開——那麼誰有權公開呢？無權公開的事實和法律依據又何在呢？因此，是值得一訴的。

對廣東省提起訴訟的理由是：他們的答覆是「決定不公開」。也說明他們有相關的數據，只不過他們決定不向我公開。他們有權決定不公開嗎？不決定的理由呢？因此也是值得一訴的。

於是，在八月十二日，我對十八家未給任何答覆的省級計生委和十三家未給任何答覆的省級財政廳分別向國家計生委和財政部提出了行政覆議。同時，開始對廣東省計生委和江蘇省計生委分別向法院提起了行政訴訟。

當然，我的這一舉動，同樣受到了媒體的關注。《法制日報》等媒體進行了追蹤報導。

財政部在收到我的覆議申請之後，負責覆議案件的工作人員，就一直在和我主動聯繫。他的希望是通過督促那些沒答覆的地方財政廳給予答覆。所以，他會時不時與我進行電話溝通，詢問還有哪些省份沒有答覆，如果沒有答覆的，他再去催促。經過他的這一番努力，在行政覆議決定作出之後，又陸續有些省份給了答覆。

二〇一三年八月二日之後，至行政覆議決定作出之前，又有十一省份的財政廳給予了答覆。到此，財政系統除湖北、陝西兩省之外，其它省份均作了答覆。雖然，給了一個徵收總額的只有十八個省市自治區。而計生部門方面，自八月二日之後，又有共計十五家作了答覆，但答覆有徵收總額的只有三家。江蘇省、廣東省當局也先後在被起訴後提供了徵收總額。至此，全部作出答覆的省市區，徵收社會撫養費總額為二〇三億左右。

但這不是全部的，只是有十九個省市自治區的答覆。還有十二個省市自治區是始終沒有作任何有效答覆的。如果全部公布，那麼二〇一二年度的社會撫養費徵收總額至少在三百億以上！

但是，沒有一個單位能回答：這些錢，去哪了？

國家圖書館出版品預行編目 (CIP) 資料

被偷走的辯護權 / 吳有水 作
初版 -- [臺北市] :
匠心文化創意行銷　2021.07
面　; 公分　(中國文庫 -001)
ISBN 978-986-06084-5-8(平裝)
1. 吳有水 2. 自傳 3. 中國
782.887　110010685

渠成文化　中國文庫 001

被偷走的辯護權

作　　者 吳有水
圖書授權 對話中國
圖書策畫 匠心文創
發 行 人 陳錦德
出版總監 柯延婷
專案主編 謝政均
美術設計 顏柯夫
內頁設計 顏柯夫
編輯校對 匠心文創
特別感謝 王興中
E-mail cxwc0801@gmail.com
網　　址 https://www.facebook.com/CXWC0801
總 代 理 旭昇圖書有限公司
出版日期 2021 年 07 月　初版一刷
總 代 理 旭昇圖書有限公司
地址新北市中和區中山路二段 352 號 2 樓
電　　話 02-2245-1480（代表號）
印　　製 安隆印刷
定　　價 新臺幣 350 元
ISBN 978-986-06084-5-8

【企製好書匠心獨具 ・ 暢銷創富水到渠成】